I0538434

BESTACTIVITYBOOKS.COM

Copyright © 2022 LINGUAS CLASSICS

Todos os direitos reservados. Nenhuma parte deste livro pode ser reproduzida ou utilizada de qualquer forma sem a autorização escrita do titular dos direitos de autor, excepto para a utilização de citações numa resenha de livro.

PRIMEIRA EDIÇÃO - 2022

Ilustración gráfica adicional: www.freepik.com
Graças a Alekksall, Starline, Pch.vector, Rawpixel.com, Vectorpocket, Dgim-studio, Upklyak, Macrovector, Stockgiu, Pikisuperstar & Freepik.com Designers

Descobrir Jogos Online Grátis

Disponível Aqui:

BestActivityBooks.com/FREEGAMES

5 DICAS PARA COMEÇAR

1) CÓMO RESOLVER LAS SOPA DE LETRAS

Os puzzles têm um formato clássico:

- As palavras estão escondidas sem espaços ou hífenes,...
- Orientação: As palavras podem ser escritas para a frente, para trás, para cima, para baixo ou na diagonal (podem ser invertidas).
- As palavras podem sobrepor-se ou intersectar-se.

2) APRENDIZAGEM ACTIVA

Ao lado de cada palavra há um espaço para anotar a tradução. Para encorajar a aprendizagem activa, um **DICIONÁRIO** no final desta edição permitir-lhe-á verificar e expandir os seus conhecimentos. Procure e anote as traduções, encontre-as no puzzle e adicione-as ao seu vocabulário!

3) MARCAR AS PALAVRAS

Pode inventar o seu próprio sistema de marcação - talvez já use um? Pode também, por exemplo, marcar palavras difíceis de encontrar com uma cruz, palavras favoritas com uma estrela, palavras novas com um triângulo, palavras raras com um diamante, e assim por diante.

4) ESTRUTURANDO A APRENDIZAGEM

Esta edição oferece um **CADERNO DE NOTAS** prático no final do livro. Nas férias, em viagem ou em casa, pode facilmente organizar os seus novos conhecimentos sem a necessidade de um segundo caderno!

5) JÁ TERMINOU TODAS AS GRELHAS?

Nas últimas páginas deste livro, na secção **DESAFIO FINAL**, encontrará um jogo gratuito!

Rápido e fácil! Consulte a nossa colecção de livros de actividades para o seu próximo momento de diversão e **aprendizagem**, a apenas um clique de distância!

Encontre o seu próximo desafio em:

BestActivityBooks.com/MeuProximoLivro

Aos vossos lugares, preparem-se...Vão!

Sabia que existem cerca de 7.000 línguas diferentes no mundo? As palavras são preciosas.

Adoramos línguas e temos trabalhado arduamente para criar livros da mais alta qualidade para si. Os nossos ingredientes?

Uma selecção de tópicos adequados à aprendizagem, três boas porções de entretenimento, e depois acrescentamos uma colherada de palavras difíceis e uma pitada de palavras raras. Servimo-los com amor e máximo divertimento, para que possa resolver os melhores jogos de palavras e se divirta a aprender!

A sua opinião é essencial. Pode participar activamente no sucesso deste livro, deixando-nos um comentário. Gostaríamos de saber o que mais lhe agradou nesta edição.

Aqui está um link rápido para a sua página de encomendas:

BestBooksActivity.com/Avaliacoes50

Obrigado pela vossa ajuda e divirtam-se!

A Equipa Inteira

1 - Dirigindo

N	G	A	E	B	X	U	Q	N	R	O	A	D	F	P
N	R	F	Q	S	P	I	D	F	B	T	G	V	U	E
N	G	Y	J	I	I	F	V	V	C	W	T	U	E	D
G	F	M	O	T	O	R	C	Y	C	L	E	Q	L	E
U	E	P	C	M	S	G	E	G	Z	H	U	A	E	S
B	I	C	X	T	T	R	A	G	H	E	C	G	N	T
P	L	I	C	E	N	S	E	R	N	P	A	M	N	R
I	T	F	M	B	O	A	H	H	A	A	R	U	U	I
T	W	F	X	N	I	G	O	Y	F	G	D	Q	T	A
R	O	A	V	C	T	E	E	R	T	S	E	R	Y	N
U	O	R	B	J	U	A	C	C	I	D	E	N	T	N
C	I	T	K	I	A	M	G	O	Z	G	C	E	E	N
K	C	S	O	P	C	V	A	R	U	G	V	E	F	I
L	W	V	Y	M	D	B	P	W	D	Q	X	O	A	J
B	R	A	K	E	S	Q	P	O	L	I	C	E	S	K

ACCIDENT
TRUCK
CAR
FUEL
CAUTION
ROAD
BRAKES
GARAGE
GAS
LICENSE

MAP
MOTORCYCLE
MOTOR
PEDESTRIAN
DANGER
POLICE
STREET
SAFETY
TRAFFIC
TUNNEL

2 - Antiguidades

C	O	I	N	S	U	Z	I	P	Z	E	L	T	G	E
R	M	U	T	A	K	U	Q	W	N	R	R	C	A	N
A	G	D	Q	O	Z	R	D	Y	Y	U	I	D	L	T
I	N	V	E	S	T	M	E	N	T	T	E	S	L	H
W	W	T	O	A	F	M	Y	Z	I	I	W	R	E	U
Q	L	H	G	V	U	R	R	P	L	N	T	X	R	S
I	X	Y	A	C	E	C	U	O	A	R	R	E	Y	I
E	L	E	G	A	N	T	T	A	U	U	A	C	M	A
R	U	D	W	V	W	Q	N	I	Q	F	Z	I	U	S
H	A	L	B	X	N	F	E	R	O	W	O	R	N	T
K	Z	M	A	T	O	M	C	C	J	N	A	P	U	S
W	J	R	E	V	I	T	A	R	O	C	E	D	S	T
R	E	S	T	O	R	A	T	I	O	N	P	L	U	Y
S	C	U	L	P	T	U	R	E	S	P	U	O	A	L
B	A	U	T	H	E	N	T	I	C	O	D	Z	L	E

ART
AUTHENTIC
DECORATIVE
ELEGANT
ENTHUSIAST
SCULPTURE
STYLE
GALLERY
UNUSUAL
INVESTMENT
ITEM
AUCTION
FURNITURE
COINS
PRICE
QUALITY
RESTORATION
CENTURY
VALUE
OLD

3 - Churrascos

G	U	C	H	I	C	K	E	N	M	C	O	Q	E	C
S	P	V	N	X	D	S	M	Y	E	A	K	V	R	H
I	A	S	U	M	M	E	R	Y	R	Q	U	Q	R	I
U	C	U	I	Y	Z	R	F	L	U	N	C	H	E	L
O	N	N	C	U	D	W	A	H	S	E	M	A	G	D
S	T	E	F	E	O	I	M	J	A	M	S	M	N	R
T	A	A	P	P	I	N	I	M	L	E	E	E	U	E
L	R	L	F	D	K	V	L	I	A	E	L	H	H	N
Y	S	X	T	N	G	I	Y	H	D	R	B	P	L	O
D	I	N	N	E	R	T	M	K	S	A	A	Y	R	T
K	N	I	V	E	S	A	T	O	M	A	T	O	E	S
G	R	I	L	L	R	T	I	U	R	F	E	H	P	T
C	X	U	P	X	C	I	S	U	M	I	G	O	P	T
A	E	O	K	E	A	O	N	X	S	S	E	T	E	T
U	Y	O	R	G	Q	N	A	S	E	J	V	D	P	E

LUNCH
INVITATION
CHILDREN
KNIVES
FAMILY
HUNGER
CHICKEN
FRUIT
GRILL
DINNER

GAMES
VEGETABLES
SAUCE
MUSIC
PEPPER
HOT
SALT
SALADS
TOMATOES
SUMMER

4 - Geologia

C	M	C	A	F	E	C	B	E	D	J	K	W	S	A
R	I	O	C	S	O	N	Y	Q	V	R	G	G	T	R
Y	O	N	I	T	W	S	T	S	N	R	E	V	A	C
S	C	T	D	A	G	L	S	R	M	H	N	Y	L	V
T	G	I	R	L	R	B	G	I	V	Y	O	Z	A	J
A	V	N	M	A	V	A	L	E	L	F	Z	J	G	L
L	O	E	I	C	D	R	Z	R	L	Q	G	I	M	D
S	L	N	N	T	N	O	U	O	J	W	Y	C	I	J
S	C	T	E	I	U	V	U	S	Z	S	P	O	T	R
I	A	V	R	T	S	T	Z	I	R	T	L	R	E	S
Q	N	B	A	E	A	C	X	O	X	O	A	A	S	T
B	O	I	L	C	L	T	Q	N	M	N	T	L	U	Q
Q	S	X	S	Z	T	R	A	U	Q	E	E	D	R	C
F	E	A	R	T	H	Q	U	A	K	E	A	G	Y	M
I	B	H	C	A	L	C	I	U	M	W	U	Y	L	P

ACID
LAYER
CAVERN
CALCIUM
CONTINENT
CORAL
CRYSTALS
EROSION
STALACTITE
STALAGMITES
FOSSIL
LAVA
MINERALS
STONE
PLATEAU
QUARTZ
SALT
EARTHQUAKE
VOLCANO
ZONE

5 - Ética

P	Q	P	K	S	D	P	M	S	M	X	W	E	D	E
W	A	O	P	H	I	L	O	S	O	P	H	Y	I	U
O	B	T	S	B	Z	H	D	E	S	L	R	E	G	R
Y	U	I	I	L	P	S	S	N	M	N	D	K	N	R
W	S	Q	M	E	R	M	I	D	L	O	Z	B	I	J
H	S	C	S	E	N	S	W	N	B	I	D	X	T	V
I	U	U	I	F	P	C	G	I	X	S	L	I	Y	E
A	N	M	L	C	H	K	E	K	I	S	C	F	N	C
L	H	T	A	C	O	O	P	E	R	A	T	I	O	N
T	O	I	E	N	F	V	S	Q	L	P	E	T	Y	A
R	N	T	R	G	I	O	P	T	I	M	I	S	M	R
U	E	I	R	H	R	T	W	K	G	O	E	D	E	E
I	S	M	F	Q	F	I	Y	M	S	C	Z	V	W	L
S	T	U	J	L	U	F	T	C	E	P	S	E	R	O
M	Y	F	Q	I	H	A	S	Y	M	W	F	B	P	T

ALTRUISM
KINDNESS
COMPASSION
COOPERATION
DIGNITY
PHILOSOPHY
HONESTY
HUMANITY
INTEGRITY
OPTIMISM
PATIENCE
REALISM
RESPECTFUL
WISDOM
TOLERANCE

6 - Tempo

E	R	O	F	E	B	M	M	M	O	H	T	M	Y	V
R	D	U	M	K	V	Y	X	R	Q	H	I	O	E	N
U	X	M	O	N	T	H	A	S	H	I	M	M	S	T
T	I	E	C	H	C	D	E	C	A	D	E	E	T	T
U	B	Q	L	E	R	W	E	E	K	Z	F	N	E	C
F	O	R	H	F	M	H	X	F	H	W	N	T	R	E
C	V	U	J	O	H	K	T	U	H	L	I	A	D	N
H	L	M	C	Y	K	C	I	H	E	N	G	A	A	T
G	A	O	J	A	D	R	K	F	S	V	H	A	Y	U
N	U	D	C	W	A	G	L	N	T	K	T	S	I	R
I	N	K	G	K	Y	E	C	S	O	X	F	T	G	Y
N	N	C	A	L	E	N	D	A	R	W	X	S	I	G
R	A	E	Y	N	O	O	N	T	Z	T	O	D	A	Y
O	F	L	V	W	Z	M	I	N	U	T	E	A	K	P
M	E	R	H	D	O	S	I	Z	E	R	E	H	S	J

NOW
YEAR
BEFORE
ANNUAL
CALENDAR
DECADE
DAY
FUTURE
TODAY
HOUR
MORNING
NOON
MONTH
MINUTE
MOMENT
NIGHT
YESTERDAY
CLOCK
WEEK
CENTURY

7 - Astronomia

C	H	S	G	Q	Z	A	N	U	F	Y	J	O	K	R
X	O	Y	T	A	Q	C	S	X	M	H	H	B	D	O
Y	K	S	S	Y	N	O	I	T	A	I	D	A	R	C
G	E	N	M	R	E	N	T	F	R	P	T	Z	Q	K
R	C	E	A	O	V	S	Y	N	O	O	M	H	A	E
A	L	B	S	T	S	T	S	F	E	R	N	N	F	T
V	I	U	T	A	A	E	J	N	T	E	N	A	L	P
I	P	L	R	V	G	L	B	L	E	G	G	X	U	E
T	S	A	O	R	A	L	O	S	M	L	P	N	B	T
Y	E	H	N	E	M	A	V	O	N	R	E	P	U	S
M	C	W	O	S	H	T	R	A	E	P	V	I	K	G
E	K	J	M	B	D	I	O	R	E	T	S	A	F	K
E	S	U	E	O	E	O	E	Q	U	I	N	O	X	W
F	U	D	R	O	R	N	D	U	C	E	S	X	S	I
C	U	N	I	V	E	R	S	E	A	Y	D	N	C	U

ASTEROID
ASTRONAUT
ASTRONOMER
SKY
CONSTELLATION
COSMOS
ECLIPSE
EQUINOX
ROCKET
GRAVITY
MOON
METEOR
NEBULA
OBSERVATORY
PLANET
RADIATION
SOLAR
SUPERNOVA
EARTH
UNIVERSE

8 - Acampamento

Y	F	P	M	V	Z	V	P	D	H	A	P	K	L	I
E	R	I	F	T	V	V	W	Z	A	D	O	L	Z	N
L	Q	N	I	A	T	N	U	O	M	V	M	Y	T	S
A	H	U	C	F	P	O	N	G	M	E	P	O	R	E
K	U	A	I	A	E	O	Q	E	O	N	A	C	H	C
E	X	J	T	P	B	M	N	V	C	T	M	S	U	T
H	R	N	O	J	M	I	T	L	K	U	R	O	N	Q
T	T	D	V	E	X	E	N	Z	J	R	Y	D	T	J
C	O	M	P	A	S	S	N	Y	Q	E	Z	C	I	N
Y	F	Q	X	F	R	K	W	T	N	E	T	M	N	A
Y	O	Z	F	N	A	K	M	C	L	B	U	T	G	T
B	R	T	R	E	E	S	L	A	M	I	N	A	W	U
R	E	A	T	P	A	A	E	S	T	I	G	Q	X	R
Y	S	H	T	E	G	Y	V	I	H	S	R	Q	M	E
U	T	Y	P	S	R	P	E	M	H	G	Y	N	K	U

ANIMALS
ADVENTURE
TREES
COMPASS
CABIN
HUNTING
CANOE
HAT
ROPE
EQUIPMENT
FOREST
FIRE
INSECT
LAKE
MOON
HAMMOCK
MAP
MOUNTAIN
NATURE
TENT

9 - Ficção Científica

B	N	T	I	E	R	I	F	K	E	H	M	V	P	G
X	C	P	P	N	X	B	M	S	L	D	P	C	L	I
C	I	N	E	M	A	T	N	A	T	S	I	D	A	B
U	T	E	O	I	A	G	R	C	J	G	H	S	N	T
P	S	X	B	I	M	P	A	E	N	J	O	T	E	Z
I	I	P	O	F	S	A	L	Y	M	Z	N	U	T	M
S	R	L	O	A	Z	U	G	N	N	E	I	S	Y	S
D	U	O	K	N	Z	T	L	I	G	A	L	A	X	Y
Y	T	S	S	T	N	I	W	L	N	U	H	R	U	O
S	U	I	T	A	Q	I	C	W	I	A	A	J	T	R
T	F	O	O	S	C	I	M	O	T	A	R	N	O	A
O	V	N	B	T	P	B	A	R	V	Y	Q	Y	P	C
P	F	I	O	I	T	B	Z	L	J	E	A	T	I	L
I	R	A	R	C	B	L	E	D	O	N	Q	N	A	E
A	O	M	Y	S	T	E	R	I	O	U	S	Y	S	X

ATOMIC
CINEMA
DISTANT
DYSTOPIA
EXPLOSION
EXTREME
FANTASTIC
FIRE
FUTURISTIC
GALAXY
ILLUSION
IMAGINARY
BOOKS
MYSTERIOUS
WORLD
ORACLE
PLANET
ROBOTS
UTOPIA

10 - Mitologia

C	R	E	A	T	I	O	N	K	H	J	L	Q	B	A
V	M	A	G	I	C	A	L	Y	T	E	E	H	O	C
C	R	E	A	T	U	R	E	M	L	A	G	E	R	I
D	I	S	A	S	T	E	R	K	W	L	E	R	K	W
I	L	I	G	H	T	N	I	N	G	O	N	O	Y	A
V	M	V	M	G	C	W	H	X	O	U	D	L	Y	R
W	M	M	R	B	F	U	R	E	T	S	N	O	M	R
S	Q	B	O	N	N	C	G	U	R	Y	B	H	Z	I
H	T	N	I	R	Y	B	A	L	E	O	A	T	R	O
V	Z	O	V	M	T	A	X	B	D	V	I	G	T	R
J	R	Q	A	G	O	A	E	P	N	W	L	N	A	Y
G	E	W	H	X	U	R	L	T	U	C	L	E	E	Q
B	B	W	E	K	M	C	T	I	H	H	U	R	B	I
K	T	K	B	N	Y	W	I	A	T	A	P	T	Y	W
A	R	C	H	E	T	Y	P	E	L	Y	L	S	B	H

ARCHETYPE
JEALOUSY
BEHAVIOR
CREATION
CREATURE
DISASTER
STRENGTH
WARRIOR
HEROINE
HERO
IMMORTALITY
LABYRINTH
LEGEND
MAGICAL
MONSTER
MORTAL
LIGHTNING
THUNDER

11 - Medições

Y	X	W	I	K	M	I	I	I	F	Y	B	V	M	M
Q	I	A	U	P	T	R	P	F	K	H	L	O	U	I
X	Z	A	Z	F	X	A	W	D	E	E	E	L	L	N
K	I	L	O	M	E	T	E	R	D	I	N	U	G	U
S	S	A	M	A	I	W	M	I	E	G	G	M	Q	T
Y	W	M	D	R	Q	H	E	J	P	H	T	E	D	E
Q	D	I	S	G	A	C	T	C	T	T	H	I	Q	W
A	E	C	V	T	O	N	E	H	H	T	D	I	W	B
E	P	E	Y	M	S	I	R	N	G	L	D	V	X	N
X	X	D	R	V	U	Z	Y	Y	D	I	I	H	E	N
K	I	L	O	G	R	A	M	U	Q	E	E	T	Y	B
L	P	R	E	T	E	M	I	T	N	E	C	W	E	V
S	U	Z	U	A	P	D	O	U	N	C	E	L	B	R
I	H	T	O	K	A	I	K	B	T	O	M	I	S	F
N	B	C	D	D	I	V	L	I	D	F	L	W	P	D

HEIGHT
BYTE
CENTIMETER
LENGTH
DECIMAL
GRAM
DEGREE
WIDTH
LITER
MASS

METER
MINUTE
OUNCE
WEIGHT
INCH
DEPTH
KILOGRAM
KILOMETER
TON
VOLUME

12 - Álgebra

I	E	W	S	P	H	E	P	C	V	V	B	F	M	O
W	X	T	Q	U	N	B	Q	R	R	N	E	M	A	H
Q	P	F	S	I	B	X	B	U	O	R	E	Z	T	C
F	O	S	U	B	F	T	A	Z	A	B	E	W	R	K
F	N	I	M	Q	K	H	R	R	M	T	L	M	I	I
R	E	S	G	M	A	R	G	A	I	D	I	E	X	N
A	N	E	K	T	D	Q	C	I	C	D	Y	O	M	F
C	T	H	S	H	M	H	M	R	I	T	N	P	N	I
T	Y	T	I	T	N	A	U	Q	E	M	I	R	A	N
I	Z	N	M	V	A	R	I	A	B	L	E	O	G	I
O	K	E	P	F	I	E	S	L	A	F	U	T	N	T
N	Y	R	L	G	M	B	H	S	K	N	A	C	C	E
N	Y	A	I	X	P	M	Z	L	I	N	E	A	R	A
E	F	P	F	A	L	U	M	R	O	F	J	F	K	O
Y	F	B	Y	K	F	N	S	O	L	U	T	I	O	N

DIAGRAM
EQUATION
EXPONENT
FALSE
FACTOR
FORMULA
FRACTION
INFINITE
LINEAR
MATRIX
NUMBER
PARENTHESIS
PROBLEM
QUANTITY
SIMPLIFY
SOLUTION
SUM
SUBTRACTION
VARIABLE
ZERO

13 - Plantas

L	X	F	O	R	E	S	T	H	L	Y	A	M	Z	A
F	U	H	A	R	O	L	F	U	Y	L	X	B	X	E
V	F	K	B	E	A	N	E	D	R	A	G	A	C	C
R	L	H	R	Z	E	H	N	B	R	T	E	M	M	N
S	O	B	N	I	U	R	C	O	E	E	O	B	F	N
R	W	Q	V	L	Q	W	T	T	B	P	I	O	N	D
K	E	B	B	I	H	F	P	A	J	B	Y	O	A	D
Y	R	M	Y	T	J	E	Q	N	K	K	R	O	P	W
S	J	X	V	R	H	I	R	Y	R	Z	O	H	D	T
L	W	T	Y	E	K	V	S	B	Q	W	O	W	T	J
A	U	X	D	F	B	Y	B	U	S	H	T	A	O	J
F	O	L	I	A	G	E	T	G	F	M	M	P	K	Y
P	Y	J	X	A	L	F	D	T	X	C	O	A	M	M
G	R	A	S	S	U	T	C	A	C	N	X	S	S	T
V	E	G	E	T	A	T	I	O	N	W	C	B	S	J

BUSH
TREE
BERRY
BAMBOO
BOTANY
CACTUS
HERB
BEAN
FERTILIZER
FLOWER
FLORA
FOREST
FOLIAGE
GRASS
IVY
GARDEN
MOSS
PETAL
ROOT
VEGETATION

14 - Veículos

C	X	N	R	E	L	T	T	U	H	S	H	O	S	Y
U	Q	P	S	L	B	R	O	C	K	E	T	A	U	W
J	Q	G	N	C	K	U	E	Q	R	O	R	M	B	P
Q	V	A	S	Y	X	V	S	E	R	I	T	Y	M	Y
H	E	L	I	C	O	P	T	E	R	C	A	R	A	T
T	K	I	W	I	A	I	R	P	L	A	N	E	R	H
F	S	Q	A	B	N	O	H	C	M	F	G	B	I	F
A	M	B	U	L	A	N	C	E	A	O	A	Y	N	E
R	S	C	O	O	T	E	R	B	F	R	T	D	E	R
O	O	S	P	E	R	Y	Q	O	Y	W	A	O	K	R
T	K	X	T	Z	U	I	X	A	T	X	X	V	R	Y
C	M	S	U	B	W	A	Y	T	D	D	D	O	A	O
A	W	M	J	T	U	R	F	V	X	G	Q	X	B	N
R	U	C	S	H	T	R	U	C	K	J	T	K	N	M
T	Z	H	W	Q	J	M	Y	F	R	J	A	B	H	Y

AMBULANCE
AIRPLANE
FERRY
BOAT
BICYCLE
TRUCK
CARAVAN
CAR
ROCKET
HELICOPTER

RAFT
SCOOTER
SUBWAY
MOTOR
BUS
TIRES
SUBMARINE
TAXI
SHUTTLE
TRACTOR

15 - Engenharia

F	X	U	N	O	I	T	U	B	I	R	T	S	I	D
A	R	P	R	O	P	U	L	S	I	O	N	T	A	J
N	O	I	T	A	L	U	C	L	A	C	H	R	N	C
S	M	R	C	F	G	Z	Y	D	D	L	Z	E	G	O
R	T	E	O	T	E	J	G	I	E	I	L	N	L	N
Q	S	A	A	W	I	W	R	E	P	Q	M	G	E	S
F	H	M	B	S	T	O	E	S	T	U	O	T	N	T
L	J	L	U	I	U	N	N	E	H	I	T	H	I	R
K	A	V	Q	X	L	R	E	L	B	D	O	P	H	U
X	Y	J	M	A	B	I	E	V	Y	K	R	B	C	C
D	I	A	G	R	A	M	T	M	F	P	U	P	A	T
D	I	A	M	E	T	E	R	Y	E	Q	X	X	M	I
D	I	M	E	N	S	I	O	N	S	N	O	M	D	O
S	O	J	N	D	A	K	C	C	R	Q	T	I	I	N
Z	K	K	S	T	R	U	C	T	U	R	E	Q	Q	D

FRICTION
ANGLE
CALCULATION
CONSTRUCTION
DIAGRAM
DIAMETER
DIESEL
DIMENSIONS
DISTRIBUTION
AXIS
ENERGY
STABILITY
STRUCTURE
STRENGTH
LIQUID
MACHINE
MEASUREMENT
MOTOR
DEPTH
PROPULSION

16 - Restaurante # 2

E	N	F	A	I	N	J	S	W	I	F	C	I	L	E
K	J	O	P	P	L	V	O	V	K	R	O	F	Q	F
C	L	H	O	U	P	O	U	E	O	U	U	U	X	A
C	X	M	Y	D	W	E	P	C	G	I	K	S	U	Y
F	I	S	H	C	L	C	T	W	Y	T	P	T	R	S
S	A	L	A	D	A	E	H	I	C	H	A	I	R	P
P	H	F	M	V	D	K	S	S	Z	V	C	W	Q	O
R	Y	W	A	L	V	I	E	A	R	E	N	A	L	O
U	X	W	A	T	E	R	C	L	F	O	R	I	U	N
I	T	M	Z	H	R	Z	I	T	K	N	F	T	N	A
B	E	V	E	R	A	G	E	E	I	F	C	E	C	D
V	E	G	E	T	A	B	L	E	S	U	Z	R	H	F
D	E	L	I	C	I	O	U	S	E	C	I	P	S	P
L	Y	J	K	H	R	X	P	D	I	N	N	E	R	L
O	G	X	A	G	M	Y	J	H	W	M	T	G	M	V

LUNCH
APPETIZER
WATER
BEVERAGE
CAKE
CHAIR
SPOON
DELICIOUS
SPICES
FRUIT
WAITER
FORK
ICE
DINNER
VEGETABLES
NOODLES
FISH
SALT
SALAD
SOUP

17 - Países #2

B	T	C	V	V	K	R	A	M	N	E	D	D	U	E
U	H	J	O	B	U	U	Q	Q	X	Q	L	N	K	F
U	G	A	N	D	A	S	E	M	A	Y	A	A	R	E
S	M	M	F	Z	U	S	J	G	I	E	O	N	A	P
J	I	C	E	H	L	I	T	I	A	H	S	A	I	C
J	A	N	E	X	N	A	T	S	I	K	A	P	N	L
J	I	M	M	X	I	A	P	Y	E	S	T	A	E	E
H	R	U	A	O	Q	C	B	E	C	Q	I	J	P	K
G	E	R	I	I	S	W	O	D	N	A	L	E	R	I
R	G	Z	L	J	C	L	E	B	A	N	O	N	M	J
E	I	F	A	C	D	A	S	O	R	I	F	X	G	P
E	N	N	M	Y	N	S	O	Y	F	P	H	B	D	E
C	B	N	O	A	L	B	A	N	I	A	I	R	Y	S
E	T	E	S	I	N	D	O	N	E	S	I	A	O	W
W	I	B	K	J	J	M	C	B	P	A	Z	X	E	X

ALBANIA
DENMARK
FRANCE
GREECE
HAITI
INDONESIA
IRELAND
JAMAICA
JAPAN
LAOS
LEBANON
MEXICO
NEPAL
NIGERIA
PAKISTAN
RUSSIA
SYRIA
SOMALIA
UKRAINE
UGANDA

18 - Cozinha

E	R	A	D	C	D	L	H	T	Z	F	B	M	B	T
A	P	R	O	N	H	R	E	C	I	P	E	Z	P	O
S	T	C	U	P	S	O	U	H	P	I	D	R	V	E
F	T	L	R	W	H	V	P	N	Z	M	T	K	M	A
B	O	O	F	A	I	O	O	S	E	V	I	N	K	T
G	A	R	Z	A	P	Q	E	L	T	T	E	K	D	S
Z	B	Z	K	J	U	G	O	W	R	I	K	A	T	P
T	T	S	Z	S	G	I	S	O	I	A	C	W	G	O
A	R	R	I	E	F	K	R	B	X	X	V	K	K	O
R	E	F	R	I	G	E	R	A	T	O	R	T	S	N
A	Z	L	L	I	R	G	Y	N	A	P	K	I	N	S
J	E	Z	D	O	F	N	S	A	Y	I	J	M	W	U
Y	E	F	S	A	M	O	S	P	I	C	E	S	Q	I
H	R	Q	B	R	L	P	O	V	E	N	Q	X	F	O
B	F	V	J	W	Y	S	M	Q	J	U	J	K	N	J

APRON
KETTLE
SPOONS
TO EAT
LADLE
CUPS
SPICES
SPONGE
KNIVES
OVEN
FREEZER
FORKS
REFRIGERATOR
GRILL
NAPKIN
JAR
JUG
CHOPSTICKS
RECIPE
BOWL

19 - Material de Arte

O	I	L	T	G	W	C	O	L	O	R	S	R	S	P
B	P	Y	F	L	A	A	B	L	J	K	W	F	G	A
V	H	H	Q	U	T	Y	V	R	E	D	M	B	Y	I
Y	Y	H	T	E	E	V	O	C	U	R	O	N	J	N
E	W	J	W	L	R	S	L	E	T	S	A	P	E	T
H	D	N	E	B	D	N	D	G	L	L	H	S	H	S
G	P	G	O	A	P	E	N	C	I	L	S	E	E	E
V	Z	W	Y	T	I	V	I	T	A	E	R	C	S	R
V	I	C	H	A	R	C	O	A	L	S	P	C	K	S
I	V	C	L	F	Y	U	H	Z	W	A	D	H	E	C
P	I	G	N	J	H	Z	K	Z	Z	E	P	A	P	A
P	A	A	C	R	Y	L	I	C	I	N	K	I	L	M
Q	T	P	C	L	A	Y	Q	R	B	W	B	R	C	E
B	U	J	E	I	T	F	Z	G	J	M	F	W	E	R
W	I	N	S	R	O	L	O	C	R	E	T	A	W	A

ACRYLIC
ERASER
WATERCOLORS
CLAY
WATER
CHAIR
CHARCOAL
EASEL
CAMERA
GLUE
COLORS
CREATIVITY
BRUSHES
PENCILS
TABLE
OIL
PAPER
PASTELS
INK
PAINTS

20 - Números

F	O	U	R	T	E	E	N	V	D	G	J	E	E	W
Z	A	O	U	S	E	V	E	N	T	E	E	N	I	S
E	A	Z	O	B	R	M	K	T	F	V	T	Q	G	I
R	G	I	F	J	T	K	X	Z	N	L	V	F	H	X
O	E	B	T	J	N	H	B	G	V	E	H	V	T	L
U	V	X	A	X	T	L	R	X	N	W	E	S	I	Q
T	H	I	R	T	E	E	N	E	E	T	N	S	J	T
J	W	C	S	R	M	N	T	R	E	F	I	V	E	E
J	J	V	Z	D	Z	E	V	X	T	E	N	A	J	I
O	R	H	P	Z	U	C	M	Z	F	Y	E	X	O	G
T	W	E	N	T	Y	W	S	L	I	D	E	N	T	H
C	K	T	D	O	Q	N	E	P	F	M	T	A	W	T
D	E	C	I	M	A	L	V	O	L	D	X	P	I	E
G	T	C	A	C	I	I	E	T	N	Y	I	W	J	E
G	Q	X	U	O	L	S	N	B	M	E	S	H	S	N

FIVE
DECIMAL
TEN
SIXTEEN
SEVENTEEN
EIGHTEEN
TWO
TWELVE
NINE
EIGHT

FOURTEEN
FOUR
FIFTEEN
SIX
SEVEN
THIRTEEN
THREE
ONE
TWENTY
ZERO

21 - Física

F	M	U	V	R	O	M	S	I	T	E	N	G	A	M
O	E	N	R	K	R	A	V	E	L	O	C	I	T	Y
R	C	I	E	S	R	S	C	F	S	N	T	I	J	F
M	H	V	L	W	F	S	A	Y	B	D	Q	X	A	F
U	A	E	A	D	R	I	U	G	P	W	O	A	T	M
L	N	R	T	N	E	L	C	I	T	R	A	P	O	O
A	I	S	I	U	N	N	B	J	Z	I	G	C	M	L
W	C	A	V	C	I	O	S	T	Z	Y	D	X	G	E
C	S	L	I	L	G	R	Z	I	I	I	M	J	L	C
H	I	O	T	E	N	T	Z	Z	T	M	X	O	T	U
A	A	I	Y	A	E	C	S	D	I	Y	O	F	O	L
O	G	K	J	R	N	E	G	R	A	V	I	T	Y	E
S	G	J	Y	N	F	L	C	H	E	M	I	C	A	L
N	O	I	T	A	R	E	L	E	C	C	A	A	L	A
F	R	E	Q	U	E	N	C	Y	H	Q	A	I	P	G

ACCELERATION
ATOM
CHAOS
DENSITY
ELECTRON
FORMULA
FREQUENCY
GAS
GRAVITY
MAGNETISM
MASS
MECHANICS
MOLECULE
ENGINE
NUCLEAR
PARTICLE
CHEMICAL
RELATIVITY
UNIVERSAL
VELOCITY

22 - Especiarias

W	A	G	H	E	K	B	T	E	T	E	M	Z	R	D
J	C	I	Q	M	V	A	N	I	L	L	A	Q	R	D
B	C	N	L	O	N	S	J	G	A	E	S	I	N	A
C	N	G	E	M	T	U	N	W	S	F	N	X	Z	V
O	K	E	V	A	L	O	N	E	P	F	D	N	F	N
Z	L	R	E	D	N	A	I	R	O	C	N	J	E	R
S	A	F	F	R	O	N	O	N	I	O	N	C	C	F
P	P	B	E	A	U	C	G	X	G	E	Q	Q	I	P
W	B	S	C	C	A	O	A	K	G	M	X	X	N	E
F	P	M	I	G	G	V	S	F	U	E	O	H	N	P
C	I	L	R	A	G	G	C	H	G	Q	S	G	A	P
W	U	W	O	B	W	R	U	S	W	E	E	T	M	E
X	B	M	C	H	X	L	R	E	T	T	I	B	O	R
V	Y	G	I	W	W	K	R	O	V	A	L	F	N	X
N	J	A	L	N	P	F	Y	H	H	D	J	H	O	L

SAFFRON
LICORICE
GARLIC
BITTER
ANISE
SOUR
VANILLA
CINNAMON
CARDAMOM
CURRY
ONION
CORIANDER
CUMIN
SWEET
FENNEL
GINGER
NUTMEG
PEPPER
FLAVOR
SALT

23 - Países #1

P	Y	X	Q	F	E	G	E	R	M	A	N	Y	U	Y
B	N	I	Q	I	O	C	Z	K	F	Y	P	V	E	E
C	T	R	P	N	F	A	U	Q	L	O	S	E	O	S
A	H	G	V	L	W	L	E	A	R	S	I	N	B	U
J	N	D	N	A	L	O	P	R	D	D	A	E	R	P
K	A	I	D	N	I	R	A	I	A	O	U	Z	A	O
G	C	V	C	D	W	S	N	S	L	C	R	U	Z	K
V	A	N	L	A	Z	U	A	P	E	C	A	E	I	D
X	N	O	G	I	R	D	M	A	B	O	A	L	L	B
I	A	R	O	D	M	A	A	I	C	R	X	A	A	Z
Y	D	W	Z	O	I	A	G	N	K	O	U	I	G	E
H	A	A	M	B	N	T	P	U	S	M	J	H	E	Q
S	K	Y	X	M	Q	H	A	H	A	S	O	G	N	Z
C	E	W	P	A	A	Z	N	L	M	A	L	I	E	S
L	Q	N	D	C	Z	O	T	P	Y	G	E	M	S	A

GERMANY
BRAZIL
CAMBODIA
CANADA
EGYPT
ECUADOR
SPAIN
FINLAND
IRAQ
ISRAEL
ITALY
INDIA
MALI
MOROCCO
NICARAGUA
NORWAY
PANAMA
POLAND
SENEGAL
VENEZUELA

24 - A Mídia

L	B	F	G	K	M	N	G	R	O	P	F	N	P	B
A	L	O	C	A	L	L	E	Y	A	Y	T	A	U	N
U	N	Q	P	P	N	E	Y	Z	D	D	R	B	B	E
T	O	O	M	I	O	F	L	Q	Q	B	I	B	L	W
C	I	Y	N	O	I	T	A	C	U	D	E	O	I	S
E	T	R	O	L	S	W	I	Y	U	A	D	N	C	P
L	A	T	I	G	I	D	C	P	H	O	T	O	S	A
L	C	S	T	N	V	N	R	N	Z	B	I	I	T	P
E	I	U	I	I	E	W	E	D	E	I	N	N	C	E
T	N	D	D	D	L	C	M	M	L	T	V	I	A	R
N	U	N	E	N	E	K	M	A	O	J	W	P	F	S
I	M	I	U	U	T	O	O	T	X	V	N	O	T	Q
Z	M	Q	W	F	X	J	C	I	I	A	M	T	R	T
J	O	Y	Y	B	A	T	T	I	T	U	D	E	S	K
F	C	I	N	D	I	V	I	D	U	A	L	F	I	W

ATTITUDES
COMMERCIAL
COMMUNICATION
DIGITAL
EDITION
EDUCATION
FACTS
FUNDING
PHOTOS
INDIVIDUAL
INDUSTRY
INTELLECTUAL
NEWSPAPERS
LOCAL
ONLINE
OPINION
PUBLIC
RADIO
NETWORK
TELEVISION

25 - Casa

C	W	A	W	M	A	V	P	A	B	N	P	Y	P	Y
U	Z	M	U	C	T	G	A	R	D	E	N	S	R	F
R	O	O	D	L	T	C	G	L	L	A	W	W	B	F
T	A	O	Z	A	I	U	I	N	I	O	G	R	R	A
A	F	R	E	S	C	K	E	Y	S	B	E	U	O	U
I	M	E	C	E	I	L	I	N	G	Y	R	G	O	C
N	I	T	N	E	L	W	G	E	F	A	U	A	M	E
S	R	P	J	C	M	D	A	H	V	W	T	J	R	T
T	R	T	X	A	E	R	R	C	Z	D	I	V	H	Y
U	O	T	O	L	W	P	A	T	V	U	N	H	V	W
L	R	R	K	P	T	A	G	I	M	Y	R	L	G	I
S	H	O	W	E	R	R	E	K	R	K	U	D	U	N
B	O	Z	D	R	G	P	K	B	W	T	F	N	M	D
A	C	A	R	I	T	U	B	W	T	M	N	D	T	O
F	R	V	K	F	X	P	K	B	G	J	F	V	A	W

LIBRARY
FENCE
KEYS
SHOWER
CURTAINS
KITCHEN
MIRROR
GARAGE
WINDOW
GARDEN

FIREPLACE
FURNITURE
WALL
DOOR
ROOM
ATTIC
RUG
CEILING
FAUCET
BROOM

26 - Vegetais

T	C	U	B	S	P	B	V	A	J	H	Y	P	C	O
J	U	E	S	T	X	A	S	A	L	A	D	S	A	A
Z	P	R	L	M	O	O	R	H	S	U	M	P	R	R
O	M	E	N	E	P	S	G	S	A	Z	H	I	R	T
Q	K	B	O	I	R	P	D	P	L	S	T	N	O	I
Y	Y	M	I	Z	P	Y	X	J	D	E	T	A	T	C
P	Q	U	N	G	I	N	G	E	R	B	Y	C	Q	H
R	D	C	O	S	H	A	L	L	O	T	E	H	H	O
T	E	U	T	O	M	A	T	O	T	V	G	S	Z	K
P	R	C	X	N	I	S	B	L	A	G	G	I	P	E
K	P	U	M	P	K	I	N	H	T	A	P	D	E	M
B	R	O	C	C	O	L	I	L	O	R	L	A	A	O
H	T	H	X	W	K	J	J	Z	P	L	A	R	H	Z
F	R	P	Z	S	A	X	L	Z	F	I	N	J	B	F
Z	I	P	K	P	S	X	A	G	E	C	T	R	F	Q

PUMPKIN
CELERY
ARTICHOKE
GARLIC
POTATO
EGGPLANT
BROCCOLI
ONION
CARROT
SHALLOT
MUSHROOM
PEA
SPINACH
GINGER
TURNIP
CUCUMBER
RADISH
SALAD
PARSLEY
TOMATO

27 - Balé

A	E	Z	H	H	Z	A	A	R	T	I	S	T	I	C
N	U	K	E	S	L	J	P	B	J	M	F	G	P	C
G	B	D	J	U	Y	X	V	P	L	S	E	W	P	H
S	A	R	I	F	S	H	F	M	L	D	E	Y	A	O
O	L	E	G	E	L	Y	T	S	A	A	R	T	R	R
L	L	H	R	C	N	I	K	K	W	F	U	I	T	E
O	E	E	A	I	C	C	L	E	O	E	T	S	S	O
Y	R	A	C	T	I	O	E	T	S	Y	S	N	E	G
P	I	R	E	C	S	K	M	O	U	P	E	E	H	R
E	N	S	F	A	U	D	H	P	G	C	G	T	C	A
Y	A	A	U	R	M	N	T	Q	O	M	H	N	R	P
T	A	L	L	P	M	C	Y	M	S	S	M	I	O	H
S	K	I	L	L	X	R	H	C	D	I	E	Y	K	Y
D	A	N	C	E	R	S	R	Y	P	Q	J	R	F	Y
J	T	O	E	X	P	R	E	S	S	I	V	E	J	R

APPLAUSE
ARTISTIC
BALLERINA
COMPOSER
CHOREOGRAPHY
DANCERS
REHEARSAL
STYLE
EXPRESSIVE
GESTURE
GRACEFUL
SKILL
INTENSITY
MUSIC
ORCHESTRA
PRACTICE
AUDIENCE
RHYTHM
SOLO

28 - Adjetivos #1

D	M	B	M	E	J	L	H	Y	W	A	M	M	I	M
P	A	O	V	F	R	A	O	O	P	B	F	Q	U	Y
J	A	R	D	Q	D	C	N	E	G	S	T	O	M	S
T	T	V	K	E	R	I	E	Y	W	O	L	S	F	T
P	T	O	G	G	R	T	S	Q	K	L	T	S	W	E
K	R	R	T	U	O	N	T	F	Y	U	E	U	H	R
O	A	N	H	H	J	E	I	Y	V	T	K	O	M	I
A	C	R	N	R	V	D	W	U	Y	E	G	R	W	O
R	T	C	I	T	S	I	T	R	A	V	N	E	F	U
O	I	W	H	R	I	M	P	O	R	T	A	N	T	S
M	V	P	T	M	C	C	K	A	K	W	X	E	X	T
A	E	L	B	A	U	L	A	V	E	S	T	G	H	N
T	C	E	F	R	E	P	W	Z	O	C	S	Q	V	Q
I	S	E	R	I	O	U	S	U	S	M	A	X	M	Y
C	I	T	O	X	E	G	R	A	L	P	A	X	Z	B

ABSOLUTE
AROMATIC
ARTISTIC
ATTRACTIVE
HUGE
DARK
EXOTIC
THIN
GENEROUS
LARGE
HONEST
IDENTICAL
IMPORTANT
SLOW
MYSTERIOUS
MODERN
PERFECT
HEAVY
SERIOUS
VALUABLE

29 - Psicologia

A	P	P	O	I	N	T	M	E	N	T	S	U	A	U
V	Q	O	Q	L	N	O	I	T	A	S	N	E	S	N
T	S	U	B	C	O	N	S	C	I	O	U	S	S	C
E	C	L	I	N	I	C	A	L	F	I	P	Z	E	O
E	X	I	P	E	R	C	E	P	T	I	O	N	S	N
K	M	P	L	C	H	I	L	D	H	O	O	D	S	S
L	R	O	E	F	L	H	O	E	Y	G	B	T	M	C
E	Z	L	T	R	N	A	V	T	Y	E	E	H	E	I
O	D	A	N	I	I	O	P	Q	T	J	H	O	N	O
Y	L	P	J	C	O	E	C	Q	I	D	A	U	T	U
H	P	W	Y	R	C	N	N	L	L	C	V	G	N	S
P	R	O	B	L	E	M	S	C	A	H	I	H	G	Q
Y	T	I	L	A	N	O	S	R	E	P	O	T	I	L
T	H	E	R	A	P	Y	U	Y	R	S	R	S	Z	H
I	N	F	L	U	E	N	C	E	S	M	A	E	R	D

ASSESSMENT
CLINICAL
BEHAVIOR
APPOINTMENT
CONFLICT
EGO
EMOTIONS
EXPERIENCES
UNCONSCIOUS
CHILDHOOD
INFLUENCES
THOUGHTS
PERCEPTION
PERSONALITY
PROBLEM
REALITY
SENSATION
DREAMS
SUBCONSCIOUS
THERAPY

30 - Paisagens

W	U	I	K	S	G	J	T	Y	I	U	U	V	I	V
U	N	S	L	W	W	V	Z	N	G	O	O	M	C	M
V	E	L	F	G	C	A	L	U	S	N	I	N	E	P
T	A	A	N	J	R	E	M	B	E	A	C	H	B	G
O	D	N	R	B	W	S	W	P	W	L	R	I	E	U
K	A	D	E	K	A	L	Y	W	D	W	J	S	R	L
V	W	S	V	S	N	E	D	L	T	A	F	C	G	F
A	U	N	I	A	T	N	U	O	M	T	H	Q	X	Q
L	Z	A	R	S	N	G	U	H	I	E	V	A	C	V
L	F	E	U	B	A	L	W	I	T	R	E	S	E	D
E	R	C	O	Y	Q	A	V	L	O	F	V	A	E	Y
Y	P	O	Z	W	J	C	U	L	M	A	F	Q	Q	A
T	U	N	D	R	A	I	E	Z	H	L	B	C	Z	P
D	J	C	N	D	S	E	M	Z	X	L	Z	K	E	O
R	F	W	O	S	J	R	V	O	L	C	A	N	O	M

WATERFALL
CAVE
HILL
DESERT
GLACIER
GULF
ICEBERG
ISLAND
LAKE
SEA
MOUNTAIN
OASIS
OCEAN
SWAMP
PENINSULA
BEACH
RIVER
TUNDRA
VALLEY
VOLCANO

31 - Dança

T	Q	N	Y	H	P	A	R	G	O	E	R	O	H	C
V	E	W	D	B	A	J	Z	U	X	R	H	E	X	T
M	Z	X	O	W	R	K	O	Y	Y	U	Y	X	M	R
E	U	J	B	I	T	R	A	Y	Q	T	T	P	A	A
I	J	S	Z	D	N	F	M	P	F	L	H	R	C	D
B	L	D	I	L	E	K	A	M	Y	U	M	E	A	I
U	K	O	X	C	R	J	H	F	W	C	L	S	D	T
E	M	O	T	I	O	N	Z	P	P	R	C	S	E	I
V	Z	P	C	M	O	V	E	M	E	N	T	I	M	O
I	V	O	C	L	A	S	S	I	C	A	L	V	Y	N
L	A	S	R	A	E	H	E	R	Y	V	N	E	F	A
K	R	T	G	R	A	C	E	M	J	T	P	B	W	L
M	O	U	V	I	S	U	A	L	U	U	H	A	P	B
L	A	R	U	T	L	U	C	Z	M	Y	C	R	Y	R
A	A	E	R	N	L	N	Y	Y	P	B	V	M	Q	Z

ACADEMY
JOYFUL
ART
CLASSICAL
CHOREOGRAPHY
BODY
CULTURE
CULTURAL
EMOTION
REHEARSAL
EXPRESSIVE
GRACE
MOVEMENT
MUSIC
PARTNER
POSTURE
RHYTHM
JUMP
TRADITIONAL
VISUAL

32 - Nutrição

A	E	C	U	A	S	S	J	C	S	C	H	G	C	Q
S	P	D	B	O	J	U	J	G	T	A	B	Q	M	U
L	A	P	I	Y	I	E	Q	I	O	L	Z	F	R	A
F	N	D	E	B	I	K	B	K	X	O	W	I	J	L
V	R	Y	H	T	L	A	E	H	I	R	X	O	U	I
Q	N	E	O	E	I	E	P	Q	N	I	Q	F	A	T
U	U	S	N	I	E	T	O	R	P	E	V	K	F	Y
E	T	C	E	D	A	L	E	E	W	S	S	Y	G	U
F	R	B	A	L	A	N	C	E	D	E	D	N	Z	M
L	I	V	I	T	A	M	I	N	P	M	I	D	Z	Q
A	E	W	C	N	T	K	B	U	E	T	U	G	U	B
V	N	D	I	G	E	S	T	I	O	N	Q	J	H	N
O	T	U	N	J	Y	T	M	O	Z	T	I	E	O	T
R	E	T	T	I	B	P	A	K	H	T	L	A	E	H
C	A	R	B	O	H	Y	D	R	A	T	E	S	R	X

BITTER
APPETITE
CALORIES
CARBOHYDRATES
EDIBLE
DIET
DIGESTION
BALANCED
LIQUIDS
SAUCE
NUTRIENT
WEIGHT
PROTEINS
QUALITY
FLAVOR
HEALTHY
HEALTH
TOXIN
VITAMIN

33 - Energia

B	I	E	E	J	E	L	B	A	W	E	N	E	R	C
A	D	N	N	B	L	E	S	E	I	D	Y	N	U	S
T	G	V	I	U	G	U	I	D	L	H	Z	T	V	W
T	I	I	B	C	C	F	W	F	Y	Z	F	R	O	L
E	P	R	R	I	D	L	X	S	N	O	T	O	H	P
R	I	O	U	R	N	N	E	M	A	Z	M	P	M	L
Y	Q	N	T	T	O	D	U	A	R	N	X	Y	E	P
S	Q	M	S	C	B	J	U	B	R	E	P	R	N	Q
F	G	E	U	E	R	M	V	S	O	G	M	X	I	W
E	M	N	M	L	A	A	M	O	T	O	S	E	L	I
M	P	T	Y	E	C	I	L	L	O	R	H	J	O	N
E	L	E	C	T	R	O	N	K	M	D	Y	E	S	D
P	O	L	L	U	T	I	O	N	H	Y	I	U	A	P
W	U	K	Y	E	Y	K	N	J	H	H	Y	C	G	T
J	A	T	S	C	R	Z	G	A	U	V	T	F	Y	F

ENVIRONMENT
BATTERY
HEAT
CARBON
FUEL
DIESEL
ELECTRIC
ELECTRON
ENTROPY
PHOTON
GASOLINE
HYDROGEN
INDUSTRY
MOTOR
NUCLEAR
POLLUTION
RENEWABLE
SUN
TURBINE
WIND

34 - Disciplinas Científicas

I	H	O	L	B	I	M	M	U	N	O	L	O	G	Y
A	H	I	Y	G	O	L	O	I	B	B	N	A	P	G
K	S	T	F	Q	Z	T	Y	O	C	I	E	R	H	O
I	C	T	Y	Y	D	Y	A	Z	N	O	U	C	Y	L
N	I	M	R	G	T	G	T	N	L	C	R	H	S	O
E	T	E	T	O	M	O	C	S	Y	H	O	A	I	R
S	S	C	S	L	N	L	L	W	G	E	L	E	O	O
I	I	H	I	O	B	O	Y	V	O	M	O	O	L	E
O	U	A	M	C	K	H	M	C	L	I	G	L	O	T
L	G	N	E	E	A	C	O	Y	A	S	Y	O	G	E
O	N	I	H	U	N	Y	T	Z	R	T	C	G	Y	M
G	I	C	C	O	F	S	A	T	E	R	G	Y	Y	B
Y	L	S	B	M	O	P	N	T	N	Y	X	D	J	H
G	E	O	L	O	G	Y	A	A	I	X	J	W	H	G
S	O	C	I	O	L	O	G	Y	M	U	T	Q	Y	C

ANATOMY
ARCHAEOLOGY
ASTRONOMY
BIOLOGY
BIOCHEMISTRY
BOTANY
KINESIOLOGY
ECOLOGY
PHYSIOLOGY
GEOLOGY
IMMUNOLOGY
LINGUISTICS
MECHANICS
METEOROLOGY
MINERALOGY
NEUROLOGY
PSYCHOLOGY
CHEMISTRY
SOCIOLOGY

35 - Meditação

M	O	U	X	W	H	N	G	P	B	P	K	C	O	Y
U	B	S	O	L	V	G	W	U	O	Q	E	A	D	P
S	S	G	N	I	H	C	A	E	T	S	X	A	Z	T
I	E	C	N	A	T	P	E	C	C	A	T	F	C	N
C	R	A	W	A	K	E	V	H	Q	V	U	U	J	E
E	V	I	T	C	E	P	S	R	E	P	F	B	R	M
T	A	G	C	M	D	N	P	N	T	D	W	T	W	E
H	T	N	L	E	U	H	D	R	K	B	N	Y	E	V
O	I	A	A	N	T	E	M	O	T	I	O	N	S	O
U	O	T	R	T	I	K	I	N	D	N	E	S	S	M
G	N	U	I	A	T	N	O	I	T	N	E	T	T	A
H	O	R	T	L	A	K	L	M	O	I	I	J	Z	A
T	H	E	Y	V	R	C	D	Y	O	D	R	M	P	Q
S	R	A	G	O	G	S	I	L	E	N	C	E	A	V
C	O	M	P	A	S	S	I	O	N	U	U	Q	W	L

ACCEPTANCE
AWAKE
ATTENTION
KINDNESS
CLARITY
COMPASSION
EMOTIONS
TEACHINGS
GRATITUDE
MENTAL
MIND
MOVEMENT
MUSIC
NATURE
OBSERVATION
PEACE
THOUGHTS
PERSPECTIVE
POSTURE
SILENCE

36 - Artes Visuais

P	D	M	P	E	N	F	E	F	S	C	P	U	A	N
T	A	G	A	B	T	Z	A	R	P	E	E	S	R	O
Q	Z	I	D	S	Z	I	S	L	H	R	N	C	C	I
C	V	G	N	J	T	Y	E	V	O	A	C	U	H	T
S	H	J	T	T	C	E	L	A	W	M	I	L	I	I
T	P	A	G	I	I	F	R	D	A	I	L	P	T	S
E	A	L	L	O	E	N	A	P	X	C	S	T	E	O
N	R	V	Q	K	L	I	G	J	I	S	E	U	C	P
C	G	V	A	R	N	I	S	H	I	E	B	R	T	M
I	O	A	R	T	I	S	T	C	Q	R	C	E	U	O
L	T	F	P	R	Y	T	I	V	I	T	A	E	R	C
X	O	I	B	Y	A	P	D	S	A	B	W	A	E	S
O	H	L	H	V	L	T	Z	G	H	P	Q	Z	P	W
L	P	M	T	A	C	K	G	Z	F	K	O	L	K	D
P	O	R	T	R	A	I	T	X	I	F	Y	F	J	O

CLAY
ARCHITECTURE
ARTIST
PEN
EASEL
WAX
CERAMICS
COMPOSITION
CREATIVITY
SCULPTURE
STENCIL
FILM
PHOTOGRAPH
CHALK
PENCIL
MASTERPIECE
PAINTING
PORTRAIT
VARNISH

37 - Moda

T	G	M	L	M	S	C	V	P	P	O	S	C	M	H
Q	E	G	R	O	C	L	D	N	E	R	T	L	I	P
E	W	Z	V	D	V	O	Q	B	T	I	Y	B	N	A
V	M	I	A	E	Y	T	T	O	E	G	L	M	I	V
I	G	B	V	S	J	H	N	U	X	I	E	E	M	W
S	O	N	R	T	O	I	A	T	T	N	E	A	A	A
N	L	E	N	O	C	N	G	I	U	A	U	S	L	F
E	A	Q	H	H	I	G	E	Q	R	L	V	U	I	F
P	T	A	T	P	R	D	L	U	E	E	T	R	S	O
X	Y	V	H	L	B	Y	E	E	L	M	O	E	T	R
E	C	C	Z	O	A	X	N	R	E	D	O	M	H	D
A	Z	E	Z	I	F	J	M	L	Y	O	D	E	U	A
O	L	A	C	E	B	U	T	T	O	N	S	N	L	B
C	O	M	F	O	R	T	A	B	L	E	S	T	W	L
J	R	E	S	I	M	P	L	E	N	L	X	S	O	E

AFFORDABLE
EMBROIDERY
BUTTONS
BOUTIQUE
EXPENSIVE
COMFORTABLE
ELEGANT
STYLE
MEASUREMENTS
MINIMALIST
MODERN
MODEST
ORIGINAL
LACE
CLOTHING
SIMPLE
FABRIC
TREND
TEXTURE

38 - Instrumentos Musicais

S	C	P	T	A	Z	X	I	U	O	B	A	N	J	O
A	E	I	B	A	T	M	A	N	D	O	L	I	N	I
X	L	A	K	C	M	R	C	J	B	C	D	Z	Z	S
O	L	N	J	I	S	B	U	L	D	F	W	C	O	G
P	O	O	G	N	O	G	O	M	A	S	L	W	Z	U
H	T	V	F	O	B	F	N	U	P	R	A	H	D	I
O	M	I	L	M	V	F	R	R	R	E	I	A	E	T
N	A	O	U	R	V	F	N	D	E	I	T	N	K	A
E	R	L	T	A	W	B	C	M	G	E	N	A	E	R
R	I	I	E	H	B	A	S	S	O	O	N	E	B	T
O	M	N	S	J	A	T	R	O	M	B	O	N	E	W
H	B	U	C	U	Z	B	W	E	D	O	G	G	G	Q
U	A	P	E	R	C	U	S	S	I	O	N	Q	C	S
X	B	V	N	K	Z	E	H	T	Z	I	J	P	B	V
V	Q	T	B	H	W	H	S	B	T	I	P	F	E	P

MANDOLIN
BANJO
CLARINET
BASSOON
FLUTE
HARMONICA
GONG
HARP
MARIMBA
OBOE
TAMBOURINE
PERCUSSION
PIANO
SAXOPHONE
DRUM
TROMBONE
TRUMPET
GUITAR
VIOLIN
CELLO

39 - Adjetivos #2

R	J	O	S	D	L	P	E	H	M	C	N	Q	J	G
Q	N	N	P	X	X	R	V	H	B	R	A	A	X	O
F	A	M	O	U	S	O	I	J	D	E	T	S	F	L
C	G	Q	V	H	D	U	T	M	S	A	U	A	W	Y
G	N	J	S	B	P	D	C	U	A	T	R	B	U	Z
C	I	T	N	E	H	T	U	A	L	I	A	F	S	R
L	T	P	U	R	E	V	D	J	T	V	L	M	N	D
H	S	E	J	A	Y	A	O	Q	Y	E	H	A	G	V
N	E	V	I	T	P	I	R	C	S	E	D	O	I	S
O	R	A	D	I	W	S	P	Y	P	I	E	A	T	T
R	E	X	L	N	J	L	V	Z	O	V	T	G	N	R
M	T	C	I	T	N	A	G	E	L	E	F	Q	B	O
A	N	N	W	V	H	B	B	Q	J	W	I	Y	E	N
L	I	E	Z	L	B	Y	R	D	O	O	G	J	P	G
R	Y	W	U	R	E	S	P	O	N	S	I	B	L	E

AUTHENTIC
CREATIVE
DESCRIPTIVE
GIFTED
ELEGANT
FAMOUS
STRONG
INTERESTING
NATURAL
NORMAL

NEW
PROUD
PRODUCTIVE
PURE
HOT
RESPONSIBLE
SALTY
HEALTHY
DRY
WILD

40 - Roupas

K	I	Y	B	L	O	U	S	E	I	H	P	S	D	S
N	M	J	X	O	U	B	R	P	V	Z	A	A	M	O
D	R	E	S	S	K	Y	U	W	O	V	J	N	L	C
D	H	J	E	A	N	S	T	E	B	C	A	D	I	K
M	R	K	R	T	V	T	A	H	E	O	M	A	X	S
L	G	T	F	G	I	N	R	J	L	A	A	L	D	O
V	M	G	Q	A	P	A	S	E	T	T	S	S	D	V
S	K	I	R	T	S	P	X	E	R	E	V	U	O	Q
B	G	F	E	E	J	H	A	K	I	K	E	F	Q	O
M	R	R	T	L	Q	P	I	N	H	C	F	B	E	C
Z	B	H	A	E	B	M	S	O	S	A	E	V	L	F
S	P	W	E	C	G	L	Y	R	N	J	L	V	L	A
P	H	V	W	A	P	U	P	P	G	L	O	V	E	S
H	A	O	S	R	I	E	C	A	L	K	C	E	N	J
H	R	H	E	B	Q	D	M	B	V	L	T	O	D	J

APRON
BLOUSE
PANTS
SHIRT
COAT
HAT
BELT
NECKLACE
JACKET
JEANS

GLOVES
SOCKS
FASHION
PAJAMAS
BRACELET
SKIRT
SANDALS
SHOE
SWEATER
DRESS

41 - Herbalismo

D	Y	C	G	B	J	Y	T	Y	H	C	J	S	W	R
F	V	J	T	N	E	I	D	E	R	G	N	I	B	O
O	L	I	S	A	B	N	E	D	R	A	G	U	Q	S
G	A	A	E	U	Z	O	E	M	Y	H	T	N	B	E
S	R	P	V	A	E	R	V	F	J	O	W	G	N	M
Y	O	J	O	O	C	F	Y	T	I	L	A	U	Q	A
Z	M	Q	P	O	R	F	B	M	Q	C	F	R	R	R
G	A	C	O	R	I	A	N	D	E	R	I	P	H	Y
A	T	N	A	L	P	S	N	X	N	P	U	A	N	F
R	I	L	N	D	M	A	R	O	J	R	A	M	L	H
L	C	T	E	L	R	C	R	E	D	N	E	V	A	L
I	W	Y	E	L	C	X	B	S	F	E	N	N	E	L
C	T	A	R	R	A	G	O	N	L	A	M	Z	M	Y
V	H	Q	G	C	G	G	Z	Y	R	E	W	O	L	F
Z	N	X	L	W	P	Z	I	H	X	O	Y	M	C	E

SAFFRON
ROSEMARY
GARLIC
AROMATIC
BENEFICIAL
CORIANDER
TARRAGON
FLOWER
FENNEL
INGREDIENT
GARDEN
LAVENDER
BASIL
MARJORAM
PLANT
QUALITY
FLAVOR
PARSLEY
THYME
GREEN

42 - Arqueologia

E	O	U	J	V	Y	E	Q	S	F	C	R	T	E	R
E	V	S	C	W	E	X	G	O	O	I	M	N	D	E
L	K	A	I	K	A	P	E	B	R	V	A	A	H	S
P	Y	A	L	N	R	E	W	V	G	I	N	D	Q	E
M	R	U	E	U	S	R	F	T	O	L	A	N	S	A
E	E	O	R	E	A	T	W	E	T	I	L	E	Z	R
T	T	M	F	Z	D	T	L	A	T	Z	Y	C	Z	C
G	S	C	Q	E	W	A	I	M	E	A	S	S	G	H
V	Y	B	N	I	S	Y	S	O	N	T	I	E	N	E
F	M	C	S	R	J	S	S	Y	N	I	S	D	R	R
O	B	J	E	C	T	S	O	S	P	O	Q	D	S	A
U	N	K	N	O	W	N	F	R	R	N	R	Q	B	J
E	B	T	O	A	N	T	I	Q	U	I	T	Y	C	M
Y	P	O	B	M	O	T	O	G	I	B	S	T	T	K
N	Y	T	J	A	Z	Q	G	T	S	H	S	C	B	U

ANALYSIS
YEARS
ANTIQUITY
EVALUATION
CIVILIZATION
DESCENDANT
UNKNOWN
TEAM
ERA
EXPERT
FORGOTTEN
FOSSIL
RESEARCHER
MYSTERY
OBJECTS
BONES
PROFESSOR
RELIC
TEMPLE
TOMB

43 - Esporte

H	E	A	L	T	H	X	B	A	M	H	C	J	M	E
A	F	T	E	O	Y	D	L	B	U	Z	Y	O	E	Q
E	U	L	E	W	O	D	Z	I	S	U	C	G	T	Y
E	K	C	V	L	I	V	O	L	C	D	L	G	A	C
S	N	T	Z	G	H	R	E	I	L	I	I	I	B	L
S	T	D	Y	S	H	T	R	T	E	E	N	N	O	V
G	V	R	U	T	L	Q	A	Y	S	T	G	G	L	Y
O	Y	P	E	R	M	A	X	I	M	I	Z	E	I	Q
A	C	V	M	T	A	B	O	D	Y	T	T	W	C	G
L	H	C	A	O	C	N	O	I	T	I	R	T	U	N
S	P	O	R	T	S	H	C	S	O	F	X	T	H	I
P	R	O	G	R	A	M	I	E	A	Z	Q	R	F	C
W	U	U	D	X	Z	X	L	N	X	I	R	O	E	N
S	T	R	E	N	G	T	H	O	G	L	S	H	R	A
I	J	P	T	B	H	I	C	B	G	W	J	J	E	D

STRETCHING
ATHLETE
ABILITY
CYCLING
BODY
DANCING
DIET
SPORTS
STRENGTH
JOGGING
MAXIMIZE
METABOLIC
MUSCLES
NUTRITION
GOAL
BONES
PROGRAM
ENDURANCE
HEALTH
COACH

44 - Agronomia

E	S	S	O	I	L	R	P	O	E	W	A	T	E	R
N	Y	G	W	M	L	A	R	U	R	Y	K	X	L	B
V	S	P	J	B	T	U	O	O	U	G	Y	W	R	C
I	T	L	A	R	P	H	D	T	T	J	A	F	E	W
R	E	A	N	O	I	T	U	L	L	O	P	N	Z	W
O	M	N	S	C	S	W	C	H	U	D	E	G	I	B
N	S	T	E	R	E	O	T	J	C	I	R	A	L	C
M	P	S	L	M	E	R	I	X	I	S	O	A	I	P
E	X	E	B	V	D	G	O	A	R	E	S	G	T	P
N	F	H	A	P	S	E	N	S	G	A	I	R	R	L
T	D	J	T	Y	I	H	N	Z	A	S	O	R	E	H
S	C	I	E	N	C	E	J	E	F	E	N	B	F	P
E	I	R	G	A	B	D	I	X	R	S	K	I	V	Z
L	M	H	E	L	J	R	I	J	V	G	O	N	R	X
U	U	D	V	E	C	O	L	O	G	Y	Y	Y	C	P

AGRICULTURE
ENVIRONMENT
WATER
SCIENCE
GROWTH
DISEASES
ECOLOGY
ENERGY
EROSION
FERTILIZER
VEGETABLES
ORGANIC
PLANTS
POLLUTION
PRODUCTION
RURAL
SEEDS
SYSTEMS
SOIL

45 - Frutas

O	Z	L	K	S	U	E	L	P	P	A	E	N	I	P
R	M	P	I	L	W	I	E	O	D	A	C	O	V	A
A	V	E	N	I	R	A	T	C	E	N	P	V	R	T
N	A	A	N	A	N	A	B	L	B	B	R	A	P	R
G	D	C	L	Z	A	U	O	Y	S	L	J	R	Y	U
E	C	H	D	E	A	M	O	G	N	A	M	A	R	A
I	L	C	T	E	M	Q	A	I	F	C	X	S	R	J
C	L	B	O	X	X	O	P	F	R	K	B	P	E	A
E	H	B	C	F	Y	S	N	K	L	B	N	B	B	D
O	Z	E	I	G	R	A	P	E	K	E	A	E	J	L
D	R	L	R	A	E	P	Q	Z	H	R	S	R	C	E
Q	K	P	P	R	X	D	M	U	S	R	X	R	U	I
U	I	P	A	H	Y	I	N	S	B	Y	Q	Y	Z	W
M	W	A	C	O	C	O	N	U	T	C	Q	H	B	Z
K	I	U	W	N	V	O	L	V	H	O	W	Q	M	U

AVOCADO
PINEAPPLE
BLACKBERRY
BERRY
BANANA
CHERRY
COCONUT
APRICOT
FIG
RASPBERRY
KIWI
ORANGE
LEMON
APPLE
PAPAYA
MANGO
NECTARINE
PEAR
PEACH
GRAPE

46 - Corpo Humano

W	O	B	L	E	Y	E	I	X	B	L	O	O	D	X
G	G	R	U	J	I	M	H	A	F	R	G	N	A	S
A	N	K	L	E	F	M	Y	T	S	T	Y	T	E	D
D	J	N	I	Y	E	O	G	N	N	I	L	A	H	Z
M	F	W	X	T	W	A	N	V	H	Y	U	K	E	V
T	L	M	O	U	T	H	Z	C	R	I	U	K	R	U
G	E	E	N	K	C	E	N	I	K	S	A	O	O	F
Q	G	S	I	I	S	H	O	U	L	D	E	R	F	C
P	E	O	H	D	A	E	H	C	Q	F	D	U	M	K
F	O	N	C	N	T	R	A	E	H	J	Y	D	B	S
V	F	M	P	A	K	E	B	B	X	C	A	O	B	B
G	H	E	C	H	W	G	Y	M	J	H	W	W	P	G
X	R	F	A	Q	V	N	G	N	Z	F	B	C	X	U
S	G	R	G	R	E	I	R	U	R	F	M	O	E	L
X	T	X	N	W	T	F	P	B	I	G	Q	G	Y	A

MOUTH
HEAD
BRAIN
HEART
ELBOW
FINGER
KNEE
JAW
HAND
NOSE

EYE
SHOULDER
EAR
SKIN
LEG
NECK
CHIN
BLOOD
FOREHEAD
ANKLE

47 - Caminhada

H	U	L	G	N	J	Z	M	B	D	O	C	T	S	P
M	E	V	Y	B	C	U	A	R	E	T	A	W	R	R
O	H	A	S	O	Y	F	N	M	R	B	M	V	T	E
U	G	H	V	P	W	Q	D	Y	I	Z	P	A	M	P
N	H	N	O	Y	S	E	N	O	T	S	I	X	J	A
T	R	O	D	R	T	W	I	L	D	C	N	U	S	R
A	O	I	I	G	O	I	S	Q	F	I	G	U	A	A
I	T	T	L	M	O	W	E	A	T	H	E	R	E	T
N	Q	A	H	C	B	S	P	T	V	K	U	F	F	I
S	A	T	Q	X	H	B	N	L	G	T	L	D	F	O
N	A	N	P	E	Y	S	E	D	I	U	G	A	F	N
Q	L	E	E	L	F	I	K	H	V	U	A	H	I	G
A	N	I	M	A	L	S	D	R	A	Z	A	H	L	F
K	E	R	U	T	A	N	E	T	A	M	I	L	C	F
N	A	O	W	U	P	E	U	U	A	P	R	V	X	O

CAMPING
ANIMALS
WATER
BOOTS
TIRED
CLIMATE
GUIDES
MAP
MOUNTAIN
NATURE
ORIENTATION
PARKS
STONES
CLIFF
HAZARDS
HEAVY
PREPARATION
WILD
SUN
WEATHER

48 - Biologia

G	U	W	V	O	Y	M	O	T	A	N	A	A	H	W
A	P	I	G	G	F	F	U	K	L	Z	T	P	O	W
B	A	C	T	E	R	I	A	T	L	C	W	U	R	E
O	S	M	O	S	I	S	C	R	A	Q	E	S	M	V
O	B	K	Y	O	U	J	J	N	M	T	L	I	O	O
Q	C	H	R	O	M	O	S	O	M	E	I	S	N	L
X	Y	J	B	C	X	F	J	T	A	M	T	O	E	U
K	C	H	M	P	N	N	R	J	M	Y	P	I	N	T
P	E	Q	E	M	L	O	O	D	J	Z	E	B	E	I
P	S	P	C	E	Q	A	D	P	G	N	R	M	G	O
L	P	G	G	V	C	U	N	W	C	E	Z	Y	A	N
N	A	T	U	R	A	L	J	T	E	E	E	S	L	O
S	N	X	K	E	J	S	Y	P	S	E	L	K	L	G
Q	Y	L	W	N	N	E	U	R	O	N	L	L	O	C
X	S	H	T	A	P	R	O	T	E	I	N	P	C	E

ANATOMY
BACTERIA
CELL
COLLAGEN
CHROMOSOME
EMBRYO
ENZYME
EVOLUTION
HORMONE
MAMMAL
MUTATION
NATURAL
NERVE
NEURON
OSMOSIS
PLANTS
PROTEIN
REPTILE
SYMBIOSIS
SYNAPSE

49 - Beleza

E	S	K	I	N	Y	E	F	Y	P	Y	X	S	S	L
L	K	G	P	L	X	M	R	V	H	P	V	E	C	I
E	C	U	R	L	S	F	A	R	O	L	O	C	I	P
G	H	D	G	I	L	R	G	O	T	W	M	N	S	S
A	R	G	S	U	I	Y	R	R	O	J	Y	A	S	T
N	U	Q	H	C	O	O	A	R	G	S	H	G	O	I
T	K	P	Z	I	I	D	N	I	E	W	X	E	R	C
G	R	A	C	E	P	T	C	M	N	L	F	L	S	K
C	I	Q	N	L	R	S	E	C	I	V	R	E	S	M
J	H	F	W	O	O	I	Y	M	C	E	C	M	Y	A
L	Q	A	F	W	D	L	Y	E	S	H	N	H	N	K
Y	U	S	R	O	U	Y	U	N	W	O	L	G	N	E
U	Q	P	L	M	C	T	R	A	V	J	C	F	T	U
E	A	I	Z	C	T	S	M	A	S	C	A	R	A	P
E	Y	H	K	G	S	S	H	A	M	P	O	O	X	C

LIPSTICK
CURLS
CHARM
COLOR
COSMETICS
ELEGANT
ELEGANCE
MIRROR
STYLIST
PHOTOGENIC
FRAGRANCE
GRACE
MAKEUP
OILS
SKIN
PRODUCTS
MASCARA
SERVICES
SCISSORS
SHAMPOO

50 - Filantropia

T	A	F	X	D	C	P	U	G	O	V	E	P	H	W
D	N	Y	I	Y	Y	K	N	E	R	D	L	I	H	C
G	E	N	E	R	O	S	I	T	Y	O	F	A	B	G
X	B	E	C	N	A	N	I	F	T	J	U	Y	E	O
J	P	N	N	F	F	O	U	T	I	F	G	P	X	A
Y	O	U	T	H	E	I	B	G	N	H	G	A	S	L
F	U	N	D	S	E	S	S	L	A	B	O	L	G	S
G	G	M	L	E	J	S	Q	V	M	E	T	W	B	C
K	D	U	X	W	C	I	L	B	U	P	G	C	T	O
Y	T	I	N	U	M	M	O	C	H	Q	Z	G	F	N
Z	P	C	H	A	L	L	E	N	G	E	S	K	S	T
W	Z	G	O	H	O	N	E	S	T	Y	G	W	Y	A
Z	N	P	P	R	O	G	R	A	M	S	M	N	U	C
H	I	S	T	O	R	Y	P	E	O	P	L	E	A	T
C	H	A	R	I	T	Y	H	A	Q	T	B	L	L	S

CHARITY
COMMUNITY
CONTACTS
CHILDREN
CHALLENGES
FINANCE
FUNDS
GENEROSITY
GLOBAL
GROUPS
HISTORY
HONESTY
HUMANITY
YOUTH
MISSION
NEED
GOALS
PEOPLE
PROGRAMS
PUBLIC

51 - Ecologia

C	E	S	J	K	O	G	J	P	I	Z	S	N	N	S
D	L	E	H	X	B	M	L	Y	T	X	K	A	O	U
I	R	I	J	W	P	H	G	O	I	H	S	T	I	S
V	E	T	M	P	J	C	R	M	B	Z	B	U	T	T
E	S	I	N	A	R	O	L	F	A	A	Q	R	A	A
R	O	N	A	S	T	N	A	L	P	R	L	E	T	I
S	U	U	T	H	A	E	H	Q	B	U	I	Z	E	N
I	R	M	U	K	T	L	S	J	N	B	P	N	G	A
T	C	M	R	J	I	D	R	O	U	G	H	T	E	B
Y	E	O	A	D	B	V	A	R	I	E	T	Y	V	L
I	S	C	L	R	A	G	M	Y	A	E	V	V	Z	E
P	J	G	H	P	H	M	O	U	N	T	A	I	N	S
W	L	P	L	A	V	I	V	R	U	S	Z	W	T	M
D	L	D	S	G	M	A	M	W	A	B	P	Q	C	R
R	G	N	U	A	C	Y	Z	O	F	Z	P	E	T	G

CLIMATE
COMMUNITIES
DIVERSITY
FAUNA
FLORA
GLOBAL
HABITAT
MARINE
MOUNTAINS
NATURAL
NATURE
MARSH
PLANTS
RESOURCES
DROUGHT
SURVIVAL
SUSTAINABLE
VARIETY
VEGETATION

52 - Família

X	G	V	E	P	N	Y	Y	H	C	P	D	M	K	N
P	R	M	I	R	V	Y	P	U	H	X	A	A	I	L
W	A	A	O	V	X	I	S	S	I	X	U	T	U	K
D	N	W	N	T	N	H	Z	B	L	L	G	E	N	M
B	D	E	Z	C	H	Q	V	A	D	P	H	R	I	O
U	M	L	R	K	E	E	A	N	H	A	T	N	E	A
Y	O	C	E	D	Y	S	R	D	O	T	E	A	C	Y
O	T	N	T	R	L	N	T	N	O	E	R	L	E	A
Q	H	U	S	Z	O	I	U	O	D	R	E	N	R	A
N	E	F	I	W	H	S	H	E	R	N	H	E	D	E
F	R	F	S	Z	D	U	V	C	U	A	T	P	N	X
A	U	N	T	N	V	O	U	R	G	L	A	H	Y	V
G	H	W	R	V	S	C	I	U	M	W	F	E	U	X
G	R	A	N	D	S	O	N	N	B	N	O	W	P	N
F	P	C	B	R	O	T	H	E	R	C	H	I	L	D

ANCESTOR
GRANDMOTHER
CHILD
CHILDREN
WIFE
DAUGHTER
CHILDHOOD
SISTER
BROTHER
HUSBAND
MATERNAL
MOTHER
GRANDSON
FATHER
PATERNAL
COUSIN
NIECE
NEPHEW
AUNT
UNCLE

53 - Férias #2

R	E	S	T	A	U	R	A	N	T	I	Q	V	U	F
R	E	S	E	R	V	A	T	I	O	N	S	L	L	O
T	G	Z	H	T	P	T	R	U	X	Z	J	B	U	R
M	Z	Z	C	G	P	K	O	I	H	X	O	O	Y	E
D	A	V	I	S	A	G	P	W	G	X	U	K	L	I
F	K	P	V	Y	U	A	S	O	V	Z	R	S	R	G
X	Y	H	N	I	R	X	S	Z	J	T	N	E	T	N
B	E	A	C	H	V	C	A	S	L	M	E	X	R	E
H	R	B	D	E	S	S	P	Y	E	R	Y	F	O	R
Y	U	G	N	I	P	M	A	C	T	B	B	H	P	R
N	S	R	I	K	L	Z	N	Z	O	A	D	A	R	L
J	I	N	K	T	S	O	T	O	H	P	X	M	I	M
V	E	R	N	H	B	D	H	P	J	U	Y	I	A	N
B	L	L	I	S	L	A	N	D	O	M	S	K	E	A
R	W	F	T	T	M	O	U	N	T	A	I	N	S	H

CAMPING
AIRPORT
FOREIGNER
HOLIDAY
PHOTOS
HOTEL
ISLAND
LEISURE
MAP
SEA
MOUNTAINS
PASSPORT
BEACH
RESERVATIONS
RESTAURANT
TAXI
TENT
JOURNEY
VISA

54 - Edifícios

G	W	P	C	E	R	M	U	I	D	A	T	S	M	O
I	A	Y	N	O	U	B	Z	U	M	P	J	U	S	B
E	C	R	E	W	O	T	X	X	J	A	C	P	O	S
R	E	T	A	E	H	T	I	U	E	R	I	B	H	E
F	A	R	M	G	W	N	T	M	M	T	N	E	T	R
Y	A	I	N	Y	E	G	O	O	U	M	E	L	E	V
L	A	B	O	R	A	T	O	R	Y	E	M	N	K	A
A	E	V	Y	A	C	F	O	Z	S	N	A	S	R	T
T	L	T	R	W	D	W	T	D	S	T	M	C	A	O
I	T	P	O	Z	W	F	B	S	A	V	U	H	M	R
P	S	S	T	H	B	A	R	N	B	L	S	O	R	Y
S	A	W	C	T	I	B	J	M	M	H	E	O	E	M
O	C	V	A	Y	K	O	S	P	E	N	U	L	P	U
H	H	Y	F	P	Z	M	P	F	C	F	M	K	U	S
U	N	I	V	E	R	S	I	T	Y	M	D	L	S	U

APARTMENT
CASTLE
BARN
CINEMA
EMBASSY
SCHOOL
STADIUM
FARM
FACTORY
GARAGE
HOSPITAL
HOTEL
LABORATORY
MUSEUM
OBSERVATORY
SUPERMARKET
THEATER
TENT
TOWER
UNIVERSITY

55 - Aventura

D	S	M	V	P	I	L	Q	Y	I	E	G	F	D	E
E	U	L	N	N	E	R	U	T	A	N	A	R	A	X
S	R	C	O	C	Y	L	F	I	G	T	O	I	N	C
T	P	X	I	S	H	S	G	V	I	H	K	E	G	U
I	R	Y	T	E	F	A	S	I	X	U	G	N	E	R
N	I	R	A	G	D	N	N	T	L	S	R	D	R	S
A	S	A	R	N	H	I	N	C	W	I	D	S	O	I
T	I	R	A	E	G	D	F	A	E	A	L	Y	U	O
I	N	E	P	L	J	O	Y	F	N	S	A	L	S	N
O	G	N	E	L	Q	E	R	Y	I	M	U	L	J	V
N	L	I	R	A	L	I	J	G	H	C	S	U	Q	N
N	M	T	P	H	B	E	A	U	T	Y	U	A	G	H
I	O	I	O	C	F	J	H	Y	A	D	N	L	J	L
O	P	P	O	R	T	U	N	I	T	Y	U	H	T	E
N	D	Y	D	N	A	V	I	G	A	T	I	O	N	Y

JOY
FRIENDS
ACTIVITY
BEAUTY
CHANCE
CHALLENGES
DESTINATION
DIFFICULTY
ENTHUSIASM
EXCURSION
UNUSUAL
ITINERARY
NATURE
NAVIGATION
NEW
OPPORTUNITY
DANGEROUS
PREPARATION
SAFETY
SURPRISING

56 - Floresta Tropical

I	Z	L	A	V	I	V	R	U	S	D	R	I	B	B
N	P	L	G	M	R	E	S	P	E	C	T	Q	K	O
D	Q	N	T	O	P	Z	Y	R	E	F	U	G	E	T
I	M	O	S	S	C	H	T	N	A	N	E	P	T	A
G	W	I	M	E	O	V	I	Q	A	R	L	K	A	N
E	C	T	A	I	M	A	S	B	E	T	J	C	T	I
N	I	A	M	C	M	L	R	V	I	M	U	Q	L	C
O	P	R	M	E	U	U	E	A	I	A	B	R	T	A
U	M	O	A	P	N	A	V	S	S	S	N	P	E	L
S	F	T	L	S	I	B	I	T	A	K	R	S	N	R
J	E	S	S	D	T	L	D	C	L	I	M	A	T	E
F	H	E	W	U	Y	E	W	E	Z	Z	G	D	M	K
S	M	R	B	O	I	V	I	S	X	L	N	W	N	A
J	U	N	G	L	E	S	M	N	H	V	D	J	U	Z
G	O	T	B	C	J	U	A	I	G	V	E	V	N	V

AMPHIBIANS
BOTANICAL
CLIMATE
COMMUNITY
DIVERSITY
SPECIES
INDIGENOUS
INSECTS
MAMMALS
MOSS
NATURE
CLOUDS
BIRDS
REFUGE
RESPECT
RESTORATION
JUNGLE
SURVIVAL
VALUABLE

57 - Cidade

S	H	S	O	A	G	N	P	S	T	A	D	I	U	M
S	S	V	S	I	A	M	H	S	S	D	Y	P	M	U
B	Z	O	O	R	L	Y	A	M	I	J	G	X	U	E
B	B	N	N	P	L	G	R	A	R	S	A	O	C	S
W	A	L	V	O	E	I	M	R	O	U	O	K	I	U
S	H	N	Y	R	R	J	A	K	L	P	U	Y	N	M
W	U	V	K	T	Y	C	C	E	F	E	H	G	E	D
L	I	B	R	A	R	Y	Y	T	A	R	Y	M	M	T
O	O	W	I	Q	P	M	O	S	U	M	R	M	A	N
O	O	Y	L	X	L	O	R	E	T	A	E	H	T	C
H	O	U	B	B	P	X	P	V	R	R	K	Z	V	H
C	B	O	O	K	S	T	O	R	E	K	A	J	W	O
S	S	A	L	O	N	A	X	G	I	E	B	W	J	T
R	E	S	T	A	U	R	A	N	T	T	C	H	V	E
U	N	I	V	E	R	S	I	T	Y	D	B	B	C	L

AIRPORT
BANK
LIBRARY
CINEMA
SCHOOL
STADIUM
PHARMACY
FLORIST
GALLERY
HOTEL
ZOO
BOOKSTORE
MARKET
MUSEUM
BAKERY
RESTAURANT
SALON
SUPERMARKET
THEATER
UNIVERSITY

58 - Música

I	N	S	T	R	U	M	E	N	T	S	G	M	G	P
Z	P	A	L	B	U	M	V	N	S	I	E	Q	U	G
U	U	W	U	G	S	K	L	Z	S	N	G	A	R	I
U	A	O	D	H	W	H	A	L	I	G	N	L	G	H
V	Z	J	R	T	I	M	P	R	O	V	I	S	E	X
L	H	I	A	E	P	O	E	T	I	C	D	M	N	M
A	Y	M	E	M	G	M	H	T	Y	H	R	Q	O	L
C	N	R	G	P	A	N	V	X	T	N	O	X	H	M
I	O	V	I	O	H	D	I	T	D	P	C	S	P	U
S	M	A	A	C	N	N	M	S	A	R	E	P	O	S
U	R	G	T	V	A	M	N	K	L	L	R	N	R	I
M	A	U	Y	D	O	L	E	M	L	A	E	P	C	C
C	H	C	H	O	R	U	S	K	A	E	C	F	I	I
K	L	H	T	H	Q	W	Z	R	B	Q	C	O	M	A
C	L	A	S	S	I	C	A	L	P	Z	G	B	V	N

ALBUM
BALLAD
SING
SINGER
CLASSICAL
CHORUS
RECORDING
HARMONY
IMPROVISE
INSTRUMENT

LYRICAL
MELODY
MICROPHONE
MUSICAL
MUSICIAN
OPERA
POETIC
RHYTHM
TEMPO
VOCAL

59 - Matemática

P	A	C	T	S	D	Q	G	C	B	P	B	L	U	S
A	R	I	R	U	Y	R	T	E	M	O	E	G	J	J
R	I	R	I	I	V	M	P	A	R	A	L	L	E	L
A	T	C	A	D	O	U	M	D	E	C	I	M	A	L
L	H	U	N	A	L	S	T	E	E	J	S	U	C	R
L	M	M	G	R	U	N	O	I	T	A	U	Q	E	A
E	E	F	L	E	M	O	C	S	N	R	S	G	L	C
L	T	E	E	T	E	I	K	L	E	E	Y	V	G	Q
O	I	R	Q	E	N	T	A	N	N	T	V	X	N	E
G	C	E	B	M	G	C	N	V	O	E	T	T	A	W
R	D	N	C	I	W	A	K	H	P	M	M	H	T	S
A	Q	C	Y	R	W	R	R	L	X	A	P	J	C	A
M	H	E	S	E	Y	F	N	Z	E	I	H	Z	E	N
P	G	Z	R	P	S	F	L	V	Z	D	Y	P	R	C
A	N	G	L	E	S	P	O	L	Y	G	O	N	L	A

ARITHMETIC
ANGLES
CIRCUMFERENCE
DECIMAL
DIAMETER
EQUATION
EXPONENT
FRACTION
GEOMETRY
PARALLEL
PARALLELOGRAM
PERIMETER
POLYGON
RADIUS
RECTANGLE
SYMMETRY
SUM
TRIANGLE
VOLUME

60 - Saúde e Bem Estar #1

T	I	K	H	B	N	N	O	P	W	N	D	V	P	X
Y	R	M	E	O	O	F	W	P	R	U	N	J	O	S
P	Q	E	I	N	I	H	S	I	H	P	E	P	S	L
A	Y	R	G	E	T	O	C	L	I	N	I	C	T	N
R	C	U	H	S	A	R	E	G	N	U	H	H	U	E
E	A	T	T	E	X	M	O	S	Q	G	U	E	R	R
H	M	C	I	C	A	O	B	T	L	N	K	P	E	V
T	R	A	Q	V	L	N	A	V	C	D	D	M	N	E
D	A	R	L	B	E	E	C	I	R	O	T	E	O	S
A	H	F	U	R	R	S	T	R	U	K	D	D	Z	I
D	P	N	M	C	O	H	E	U	W	D	N	I	K	S
R	E	F	L	E	X	A	R	S	S	B	E	C	Q	H
L	F	T	R	L	K	B	I	C	P	F	R	I	S	Q
G	E	P	E	N	U	I	A	V	K	O	E	N	D	J
H	K	H	H	A	B	T	N	E	M	T	A	E	R	T

HEIGHT
ACTIVE
BACTERIA
CLINIC
DOCTOR
PHARMACY
HUNGER
FRACTURE
HABIT
HORMONES
MEDICINE
NERVES
BONES
SKIN
POSTURE
REFLEX
RELAXATION
THERAPY
TREATMENT
VIRUS

61 - Natureza

D	G	J	F	L	U	F	E	C	A	E	P	U	T	S
L	Y	B	O	T	H	B	O	Y	B	E	E	S	R	H
I	J	N	G	G	E	J	E	R	E	V	I	R	O	E
W	Y	J	A	D	G	V	N	A	E	J	I	E	P	L
Q	D	D	O	M	A	L	E	U	U	S	C	I	I	T
B	E	R	N	F	I	Y	R	T	T	T	T	C	C	E
Q	S	D	U	O	L	C	E	C	Z	T	Y	A	A	R
W	E	S	B	N	O	I	S	N	U	Z	R	L	L	Y
L	R	S	M	P	F	T	L	A	T	I	V	G	V	S
E	T	X	S	G	P	C	G	S	D	Q	M	N	Z	O
K	G	R	F	J	Q	R	E	R	O	S	I	O	N	A
I	R	B	H	B	W	A	A	O	N	S	U	H	P	N
H	Y	I	O	H	S	Y	D	J	D	D	X	V	G	M
T	M	S	V	M	N	B	Q	F	O	D	P	L	I	M
A	N	I	M	A	L	S	H	D	T	P	P	E	Q	M

BEES
SHELTER
ANIMALS
ARCTIC
BEAUTY
DESERT
DYNAMIC
EROSION
FOREST
FOLIAGE
GLACIER
FOG
CLOUDS
PEACEFUL
RIVER
SANCTUARY
WILD
SERENE
TROPICAL
VITAL

62 - A Empresa

G	O	D	L	U	B	I	P	R	O	D	U	C	T	U
D	M	W	I	H	T	V	R	R	D	Q	C	P	X	N
E	V	I	T	A	V	O	N	N	I	U	X	U	W	I
C	R	I	F	H	V	K	Z	Q	Y	A	Y	X	Z	T
I	E	R	E	V	E	N	U	E	P	L	M	E	U	S
S	P	V	T	Y	T	I	L	I	B	I	S	S	O	P
I	U	B	R	Q	C	L	B	Z	T	T	V	S	B	A
O	T	T	E	K	S	U	C	B	M	Y	N	E	U	P
N	A	T	N	E	M	Y	O	L	P	M	E	R	S	R
G	T	Z	D	C	R	E	A	T	I	V	E	G	I	I
L	I	Z	S	E	C	R	U	O	S	E	R	O	N	S
O	O	I	N	V	E	S	T	M	E	N	T	R	E	K
B	N	O	I	T	A	T	N	E	S	E	R	P	S	S
A	M	O	H	I	N	D	U	S	T	R	Y	S	S	V
L	A	N	O	I	S	S	E	F	O	R	P	K	F	I

PRESENTATION
CREATIVE
DECISION
EMPLOYMENT
GLOBAL
INDUSTRY
INNOVATIVE
INVESTMENT
BUSINESS
POSSIBILITY
PRODUCT
PROFESSIONAL
PROGRESS
QUALITY
REVENUE
RESOURCES
REPUTATION
RISKS
TRENDS
UNITS

63 - Doença

P	I	N	F	L	A	M	M	A	T	I	O	N	H	E
U	P	B	S	P	Z	O	P	S	F	T	M	G	C	U
L	A	W	B	S	Z	P	R	U	O	W	G	E	N	E
M	T	Y	R	A	T	I	D	E	R	E	H	N	E	C
O	H	T	A	H	B	H	E	A	L	T	H	E	U	O
N	O	I	B	S	E	D	U	A	W	O	S	T	R	N
A	G	N	M	C	I	N	O	R	H	C	N	I	O	T
R	E	U	U	D	T	J	Q	M	L	S	G	C	P	A
Y	N	M	L	J	J	B	F	K	I	N	E	D	A	G
P	S	M	W	I	O	N	U	C	X	N	D	B	T	I
A	D	I	C	E	U	D	E	H	C	W	A	I	H	O
R	Y	R	O	T	A	R	I	P	S	E	R	L	Y	U
E	D	T	H	B	X	K	H	E	A	R	T	B	K	S
H	O	A	L	L	E	R	G	I	E	S	E	N	O	B
T	B	S	Y	N	D	R	O	M	E	M	T	M	W	O

ABDOMINAL
ALLERGIES
CONTAGIOUS
HEART
BODY
CHRONIC
WEAK
GENETIC
HEREDITARY
IMMUNITY
INFLAMMATION
LUMBAR
NEUROPATHY
BONES
PATHOGENS
PULMONARY
RESPIRATORY
HEALTH
SYNDROME
THERAPY

64 - Aquecimento Global

E	N	V	I	R	O	N	M	E	N	T	A	L	G	D
I	N	T	E	R	N	A	T	I	O	N	A	L	A	A
G	E	N	E	R	A	T	I	O	N	S	H	S	S	T
F	C	O	N	S	E	Q	U	E	N	C	E	S	W	A
P	U	A	T	E	M	P	E	R	A	T	U	R	E	S
G	O	T	N	E	M	P	O	L	E	V	E	D	J	G
C	O	P	U	L	E	G	I	S	L	A	T	I	O	N
L	C	V	U	R	A	T	T	E	N	T	I	O	N	Y
I	R	N	E	L	E	P	K	D	J	G	R	M	F	R
M	I	J	I	R	A	I	L	B	D	Q	J	C	D	T
A	S	L	I	N	N	T	S	I	T	N	E	I	C	S
T	I	W	V	W	J	M	I	Z	K	C	U	T	G	U
E	S	Y	G	R	E	N	E	O	T	B	N	C	D	D
Q	E	I	F	T	F	N	M	N	N	Z	O	R	I	N
F	I	E	W	V	T	W	S	B	T	S	W	A	D	I

NOW
ENVIRONMENTAL
ATTENTION
ARCTIC
SCIENTIST
CLIMATE
CONSEQUENCES
CRISIS
DATA
DEVELOPMENT
ENERGY
FUTURE
GAS
GENERATIONS
GOVERNMENT
INDUSTRY
INTERNATIONAL
LEGISLATION
POPULATIONS
TEMPERATURES

65 - Aviões

C	T	U	R	B	U	L	E	N	C	E	X	U	M	T
H	O	P	D	Z	C	Y	Y	N	Q	V	R	K	T	U
P	E	N	E	G	O	R	D	Y	H	U	C	U	O	U
A	I	I	S	Q	Y	S	K	Y	V	N	R	I	O	W
R	X	L	G	T	N	E	C	S	E	D	E	A	I	R
O	B	E	O	H	R	C	C	Z	W	L	W	P	W	E
Q	D	U	M	T	T	U	Q	O	M	R	A	J	T	G
Z	V	F	S	G	M	X	C	Q	O	M	B	Y	U	N
A	L	T	I	T	U	D	E	T	A	L	F	N	I	E
E	L	T	Q	Y	R	O	T	S	I	H	T	F	N	S
N	O	I	T	C	E	R	I	D	W	O	Y	Y	N	S
G	N	I	D	N	A	L	B	Z	C	O	N	K	J	A
I	S	R	K	B	B	A	L	L	O	O	N	O	X	P
N	A	D	V	E	N	T	U	R	E	B	U	U	P	D
E	R	E	H	P	S	O	M	T	A	V	A	F	F	N

ALTITUDE
HEIGHT
AIR
LANDING
ATMOSPHERE
ADVENTURE
BALLOON
SKY
FUEL
CONSTRUCTION
DESCENT
DIRECTION
HYDROGEN
HISTORY
INFLATE
ENGINE
PASSENGER
PILOT
CREW
TURBULENCE

66 - Tipos de Cabelo

C	X	L	Z	C	C	T	H	I	C	K	G	A	V	B
Q	W	X	V	C	U	W	I	S	I	L	V	E	R	R
G	Y	A	R	G	R	O	H	I	L	M	Z	T	T	A
P	H	U	I	N	L	J	R	R	N	L	S	E	J	I
B	T	G	N	O	Y	B	R	A	I	D	S	O	O	D
W	L	T	S	L	R	U	C	N	M	Y	E	O	C	E
X	A	O	T	J	D	L	A	B	N	B	E	Z	Q	D
S	E	C	N	A	K	T	K	S	A	P	H	K	B	K
B	H	W	V	D	C	O	L	O	R	E	D	A	S	J
T	H	I	N	P	A	L	W	E	R	T	W	B	H	S
G	M	P	D	R	L	P	W	A	S	T	L	R	I	B
S	O	F	T	D	B	C	Y	H	V	U	F	O	N	X
T	W	U	E	W	V	E	V	M	I	Y	Z	W	Y	N
X	D	Q	H	Z	L	V	U	H	D	T	T	N	G	O
R	W	E	A	B	N	X	B	W	H	V	E	C	G	U

WHITE
SHINY
CURLS
BALD
GRAY
COLORED
CURLY
THIN
THICK
BLOND

LONG
BROWN
WAVY
SILVER
BLACK
HEALTHY
DRY
SOFT
BRAIDED
BRAIDS

67 - Criatividade

C	I	T	S	I	T	R	A	F	P	O	O	F	O	I
X	N	O	I	T	A	R	I	P	S	N	I	L	M	N
Y	T	I	C	I	T	N	E	H	T	U	A	U	I	T
T	E	D	I	L	K	H	R	T	Y	I	S	I	I	U
I	N	E	R	M	C	X	Z	S	R	Q	U	D	M	I
R	S	S	Y	A	P	D	C	N	Y	L	O	I	A	T
A	I	O	E	I	M	R	K	O	H	M	E	T	G	I
L	T	T	S	N	Q	A	E	I	D	V	N	Y	I	O
C	Y	V	J	S	S	F	T	S	M	L	A	K	N	N
H	H	E	F	E	G	A	M	I	S	L	T	K	A	L
B	R	F	X	M	Q	U	T	V	C	I	N	T	T	Z
E	M	O	T	I	O	N	S	I	W	K	O	V	I	H
F	E	E	L	I	N	G	S	K	O	S	P	N	O	L
E	X	P	R	E	S	S	I	O	N	N	S	H	N	X
I	N	V	E	N	T	I	V	E	U	N	H	K	F	G

ARTISTIC
AUTHENTICITY
CLARITY
DRAMATIC
EMOTIONS
SPONTANEOUS
EXPRESSION
FLUIDITY
SKILL
IMAGE
IMAGINATION
IMPRESSION
INSPIRATION
INTENSITY
INTUITION
INVENTIVE
SENSATION
FEELINGS
VISIONS

68 - Dias e Meses

T	V	F	C	W	T	F	S	J	M	J	E	U	R	D
H	M	R	F	E	W	E	E	A	O	T	U	U	E	I
U	O	I	Y	T	J	B	P	N	N	O	P	E	B	L
R	N	D	A	M	F	R	T	U	T	R	A	P	M	G
S	D	A	D	M	U	U	E	A	H	E	I	L	E	S
D	A	Y	S	P	R	A	M	R	E	B	O	T	C	O
A	Y	W	E	E	K	R	B	Y	Y	M	D	P	E	J
Y	A	Y	U	C	Y	Y	E	S	Q	E	L	N	D	U
P	D	W	T	J	W	A	R	H	Z	V	I	U	C	L
H	N	C	A	L	E	N	D	A	R	O	R	A	E	Y
O	U	O	P	E	C	O	N	R	U	N	P	D	N	Y
T	S	U	G	U	A	N	J	N	U	L	A	F	U	I
I	L	O	X	Q	F	W	F	X	V	T	V	H	J	O
W	X	F	M	K	I	O	A	E	I	X	A	B	M	X
U	K	N	B	G	I	P	X	X	V	D	W	S	K	S

APRIL
AUGUST
YEAR
CALENDAR
DECEMBER
SUNDAY
FEBRUARY
JANUARY
JULY
JUNE
MONTH
NOVEMBER
OCTOBER
THURSDAY
SATURDAY
MONDAY
WEEK
SEPTEMBER
FRIDAY
TUESDAY

69 - Saúde e Bem Estar #2

L	H	O	S	P	I	T	A	L	B	I	Q	J	V	I
W	C	A	L	O	R	I	E	Y	M	O	T	A	N	A
F	G	O	I	Y	I	B	X	S	S	X	D	E	F	H
J	Z	G	Y	G	R	E	L	L	A	K	C	Y	Y	Y
I	V	Z	V	R	Y	H	T	L	A	E	H	N	J	G
V	N	J	D	E	R	B	W	J	T	R	S	O	H	I
Z	I	F	E	N	O	X	E	A	I	E	M	I	M	E
W	M	G	E	E	J	J	I	R	C	C	J	T	D	N
X	A	X	W	C	K	J	G	Z	N	O	C	S	O	E
F	T	G	Q	A	T	X	H	Y	R	V	E	E	O	I
B	I	I	N	M	A	I	T	M	Y	E	Q	G	M	T
L	V	H	P	M	B	J	O	V	W	R	N	I	J	O
O	X	S	M	L	U	N	H	N	K	Y	A	D	R	B
O	A	P	P	E	T	I	T	E	G	A	S	S	A	M
D	D	I	E	T	E	B	G	E	N	E	T	I	C	S

ALLERGY
ANATOMY
APPETITE
CALORIE
BODY
DIET
DIGESTION
DISEASE
ENERGY
GENETICS
HYGIENE
HOSPITAL
MOOD
INFECTION
MASSAGE
WEIGHT
RECOVERY
BLOOD
HEALTHY
VITAMIN

70 - Geografia

C	M	O	U	N	T	A	I	N	S	F	T	H	E	Q
V	Y	O	D	I	Y	T	I	C	E	B	E	O	S	I
R	I	V	E	R	R	T	L	M	A	A	R	R	O	M
P	R	A	T	A	T	B	H	E	L	L	R	G	U	P
P	I	Y	P	U	N	O	R	T	H	A	I	H	T	H
A	L	T	I	T	U	D	E	X	G	T	T	W	H	E
M	E	I	Y	N	O	I	G	E	R	I	O	X	T	M
C	E	Y	N	A	C	V	J	O	X	T	R	B	J	I
K	J	R	C	K	W	O	R	L	D	U	Y	F	W	S
R	P	E	I	P	E	A	V	N	K	D	X	U	R	P
O	A	K	B	D	N	A	L	S	I	E	G	V	R	H
W	M	D	H	L	I	K	L	N	A	E	C	O	E	E
E	E	Y	I	W	X	A	O	F	A	L	Z	X	L	R
Z	C	S	C	V	A	P	N	O	O	E	T	Y	O	E
M	C	Y	T	N	E	N	I	T	N	O	C	A	X	T

ALTITUDE
ATLAS
CITY
CONTINENT
HEMISPHERE
ISLAND
LATITUDE
MAP
SEA
MERIDIAN
MOUNTAIN
WORLD
NORTH
OCEAN
WEST
COUNTRY
REGION
RIVER
SOUTH
TERRITORY

71 - Antártica

G	A	I	S	C	I	E	N	T	I	F	I	C	S	M
I	E	C	O	N	S	E	R	V	A	T	I	O	N	I
S	N	O	I	T	A	R	G	I	M	A	K	T	I	N
L	R	J	G	B	H	Z	P	S	Q	N	R	E	U	E
A	E	F	O	R	A	V	A	X	H	A	N	M	G	R
N	H	T	T	E	A	U	C	O	V	E	O	P	N	A
D	C	P	H	T	G	P	T	Y	R	X	I	E	E	L
S	R	O	W	A	G	D	H	Q	D	U	T	R	P	S
R	A	L	N	W	I	L	X	Y	A	B	I	A	C	R
G	E	P	B	T	K	N	R	K	R	L	D	T	K	E
K	S	Q	I	V	I	Q	B	C	I	C	E	U	F	I
B	E	D	N	G	G	N	V	O	E	J	P	R	Y	C
W	R	Y	I	M	D	T	E	R	K	Y	X	E	E	A
H	B	Y	K	A	I	T	V	N	B	Y	E	P	N	L
P	E	N	I	N	S	U	L	A	T	I	H	P	T	G

WATER
BAY
SCIENTIFIC
CONSERVATION
CONTINENT
COVE
EXPEDITION
GLACIERS
ICE
GEOGRAPHY
ISLANDS
RESEARCHER
MIGRATION
MINERALS
PENINSULA
PENGUINS
ROCKY
TEMPERATURE

72 - Flores

C	A	L	E	N	D	U	L	A	Y	U	U	L	P	Q
M	H	O	A	T	W	H	I	I	B	V	D	A	O	Y
U	A	I	E	X	X	P	T	C	V	L	P	V	P	Q
A	I	G	B	G	N	V	L	A	L	X	E	E	P	Q
W	N	R	N	I	S	S	F	U	B	J	O	N	Y	V
G	E	P	I	O	S	L	Z	H	M	R	N	D	D	H
N	D	Y	N	O	L	C	P	S	T	E	Y	E	Q	F
O	R	C	H	I	D	I	U	N	Z	W	R	R	W	M
I	A	D	A	I	S	Y	A	S	J	O	E	I	C	X
L	G	M	W	Y	P	T	S	L	A	L	V	T	A	P
E	K	B	R	Q	M	U	H	A	S	F	O	U	L	P
D	G	J	J	I	W	D	S	T	M	N	L	L	I	G
N	L	I	L	Y	R	O	S	E	I	U	C	I	L	I
A	Z	M	X	B	X	U	H	P	N	S	S	P	L	O
D	Z	H	F	F	P	N	A	T	E	U	Q	U	O	B

BOUQUET
CALENDULA
DANDELION
GARDENIA
SUNFLOWER
HIBISCUS
JASMINE
LAVENDER
LILAC
LILY
MAGNOLIA
DAISY
ORCHID
POPPY
PEONY
PETAL
PLUMERIA
ROSE
CLOVER
TULIP

73 - Fazenda #1

P	A	W	E	D	U	J	V	H	I	G	O	E	H	J
T	G	S	S	X	I	Y	P	P	R	J	H	X	C	R
E	R	A	R	G	G	W	I	X	P	H	A	H	L	F
G	I	E	X	I	Y	Y	R	Q	W	P	O	T	B	R
S	C	D	X	P	C	Z	A	H	R	W	C	R	F	M
V	U	I	E	C	N	E	F	L	O	C	K	E	S	N
F	L	D	O	N	K	E	Y	D	C	J	S	Z	U	E
I	T	A	C	I	L	B	T	O	R	G	Z	I	U	K
E	U	V	K	R	B	P	W	G	O	Q	V	L	M	C
L	R	F	Q	Q	C	B	D	P	W	M	C	I	D	I
D	E	N	N	W	A	T	E	R	H	Y	U	T	I	H
Y	U	R	P	S	A	A	P	B	Y	J	O	R	U	C
C	A	L	F	U	B	O	C	H	J	X	O	E	U	U
T	F	R	B	M	F	G	E	W	A	Y	T	F	Q	Z
C	O	W	C	J	B	E	H	R	S	Y	E	N	O	H

BEE
AGRICULTURE
RICE
WATER
CALF
DONKEY
GOAT
FIELD
HORSE
DOG
FENCE
CROW
HAY
FERTILIZER
CHICKEN
CAT
HONEY
PIG
FLOCK
COW

74 - Livros

S	M	H	V	Y	A	R	M	A	L	Z	K	P	C	C
V	E	V	I	T	N	E	V	N	I	R	I	O	O	K
K	O	R	C	Z	Y	G	F	N	R	Q	S	E	N	R
G	P	D	I	A	P	A	I	O	O	E	Y	T	T	E
N	N	D	P	E	G	P	R	I	H	V	E	R	E	A
J	Y	G	E	H	S	B	O	T	T	G	E	Y	X	D
W	R	I	T	T	E	N	O	C	U	U	R	L	T	E
Z	O	O	Y	J	R	O	R	E	A	V	U	L	V	R
Y	T	F	T	N	A	V	E	L	E	R	T	I	Z	Z
T	S	O	I	A	C	A	K	L	L	W	N	T	G	X
W	Y	V	L	V	R	P	E	O	I	Q	E	E	P	H
C	I	G	A	R	T	R	S	C	I	H	V	R	N	M
D	Q	G	U	O	L	F	A	E	F	F	D	A	M	F
Z	V	N	D	L	H	S	J	N	X	Z	A	R	N	S
H	I	S	T	O	R	I	C	A	L	K	N	Y	E	N

AUTHOR
ADVENTURE
COLLECTION
CONTEXT
DUALITY
WRITTEN
EPIC
STORY
HISTORICAL
INVENTIVE
READER
LITERARY
NARRATOR
PAGE
POEM
POETRY
RELEVANT
NOVEL
SERIES
TRAGIC

75 - Chocolate

W	I	V	R	I	W	P	B	N	V	R	J	I	C	T
X	X	N	H	B	D	Q	L	X	U	E	A	Q	O	D
P	E	P	G	Z	W	S	O	N	R	C	O	I	C	T
E	O	B	O	R	A	G	U	S	F	I	M	S	O	T
A	S	J	T	W	E	N	Z	V	T	P	I	M	N	N
N	W	W	L	U	D	D	M	X	B	E	S	U	U	H
U	F	T	E	Y	S	E	I	R	O	L	A	C	T	B
T	A	A	M	E	Y	Z	R	E	B	I	T	T	E	R
S	V	S	A	F	T	W	T	I	N	W	E	O	I	Y
P	O	T	R	A	I	K	R	M	A	T	X	G	G	J
Z	R	E	A	M	L	A	N	A	S	I	T	R	A	V
V	I	S	C	O	A	C	A	C	I	T	O	X	E	H
C	T	D	G	R	U	F	L	A	V	O	R	M	A	E
S	E	L	T	A	Q	Y	L	X	O	J	C	E	P	I
D	E	L	I	C	I	O	U	S	J	O	W	N	V	J

SUGAR
BITTER
PEANUTS
AROMA
ARTISANAL
CACAO
CALORIES
CARAMEL
COCONUT
DELICIOUS
SWEET
EXOTIC
FAVORITE
TASTE
INGREDIENT
POWDER
QUALITY
RECIPE
FLAVOR

76 - Governo

N	A	T	I	O	N	A	L	Z	D	H	G	Y	T	E
C	Q	O	E	C	N	E	D	N	E	P	E	D	N	I
I	Y	D	N	Y	S	C	C	C	M	G	S	P	E	U
T	N	W	Y	Z	M	I	O	I	O	H	Y	W	M	E
I	J	A	Y	L	L	T	N	V	C	H	M	V	U	D
Z	Y	L	T	A	Q	S	S	I	R	I	B	U	N	R
E	A	B	I	I	U	U	T	L	A	N	O	M	O	A
N	N	Y	L	C	O	J	I	L	C	Q	L	F	M	I
S	M	X	A	I	Z	N	T	I	Y	Z	O	W	P	Y
H	I	O	U	D	X	O	U	B	L	E	A	D	E	R
I	C	P	Q	U	J	Y	T	E	V	F	K	Y	I	C
P	W	E	E	J	T	C	I	R	T	S	I	D	L	K
R	V	O	E	C	Y	Y	O	T	O	A	Q	O	W	K
H	W	F	X	P	X	C	N	Y	F	M	T	Z	N	E
B	N	N	O	I	S	S	U	C	S	I	D	S	O	T

CITIZENSHIP
CIVIL
CONSTITUTION
DEMOCRACY
SPEECH
DISCUSSION
DISTRICT
STATE
EQUALITY
INDEPENDENCE
JUDICIAL
JUSTICE
LAW
LIBERTY
LEADER
MONUMENT
NATIONAL
NATION
SYMBOL

77 - Jardinagem

B	S	S	D	E	E	S	N	R	C	C	E	X	V	M
I	L	P	E	L	B	I	D	E	O	S	O	I	L	O
I	A	O	E	A	F	Q	Q	T	M	B	D	O	R	I
X	R	W	S	C	S	H	K	A	P	R	C	U	C	S
F	O	V	O	S	I	O	K	W	O	C	D	X	K	T
L	L	E	H	A	O	E	N	K	S	L	F	P	N	U
K	F	V	L	D	O	M	S	A	T	I	O	J	O	R
C	B	E	Q	R	U	F	V	F	L	M	Q	P	X	E
D	B	O	T	A	N	I	C	A	L	A	X	J	I	N
T	B	A	E	H	D	H	I	E	L	T	R	I	D	W
Q	H	Z	U	C	N	M	T	L	O	E	B	K	C	J
S	V	A	Q	R	M	D	O	F	O	L	I	A	G	E
N	W	H	U	O	V	Y	X	K	Y	V	B	D	C	Q
L	I	R	O	Y	B	F	E	L	C	C	J	T	O	M
F	I	S	B	C	O	N	T	A	I	N	E	R	D	S

WATER
BOTANICAL
BOUQUET
CLIMATE
EDIBLE
COMPOST
SPECIES
EXOTIC
BLOSSOM
FLORAL
LEAF
FOLIAGE
HOSE
ORCHARD
CONTAINER
SEASONAL
SEEDS
SOIL
DIRT
MOISTURE

78 - Profissões #2

C	P	J	O	U	R	N	A	L	I	S	T	Q	D	R
P	W	H	B	I	O	L	O	G	I	S	T	G	B	G
L	Z	N	O	X	Y	S	T	E	A	C	H	E	R	R
M	V	Z	L	T	S	I	U	G	N	I	L	F	F	Z
O	Q	U	U	R	O	T	A	R	T	S	U	L	L	I
U	D	P	K	Q	Y	G	P	N	G	W	L	W	F	P
P	A	I	N	T	E	R	R	I	S	E	L	T	A	H
G	A	R	D	E	N	E	R	A	L	Q	O	T	R	Y
D	E	N	T	I	S	T	N	B	P	O	M	N	M	S
R	E	S	E	A	R	C	H	E	R	H	T	D	E	I
I	N	V	E	N	T	O	R	Z	C	V	E	C	R	C
P	H	I	L	O	S	O	P	H	E	R	W	R	B	I
E	N	G	I	N	E	E	R	B	Z	N	Y	T	F	A
L	I	B	R	A	R	I	A	N	H	S	U	E	U	N
G	R	Y	N	A	S	T	R	O	N	A	U	T	A	V

FARMER
ASTRONAUT
LIBRARIAN
BIOLOGIST
SURGEON
DENTIST
ENGINEER
PHILOSOPHER
PHOTOGRAPHER
ILLUSTRATOR
INVENTOR
RESEARCHER
GARDENER
JOURNALIST
LINGUIST
PHYSICIAN
PILOT
PAINTER
TEACHER

79 - Negócios

Y	E	C	O	N	O	M	I	C	S	C	O	S	T	B
F	I	Y	Y	Z	K	X	U	Z	I	D	I	H	O	U
I	N	M	Q	B	G	R	G	N	S	L	C	K	I	D
N	C	P	P	O	H	S	F	X	V	K	P	D	N	G
A	O	Q	R	Y	A	C	A	R	E	E	R	N	V	E
N	M	K	O	E	T	O	I	B	Q	V	M	R	E	T
C	E	G	F	N	Y	C	N	E	R	R	U	C	S	G
E	D	D	I	O	R	O	D	O	Y	U	B	S	T	D
P	H	A	T	M	O	U	L	E	F	B	E	A	M	I
S	D	A	R	X	T	X	J	P	T	F	S	L	E	S
H	P	I	X	A	C	S	Z	P	M	A	I	E	N	C
F	V	S	Y	N	A	P	M	O	C	E	X	C	T	O
F	W	Z	E	Q	F	C	X	Y	A	O	A	E	E	U
M	E	R	C	H	A	N	D	I	S	E	P	T	S	N
O	R	Q	N	W	E	M	P	L	O	Y	E	E	M	T

CAREER
COST
DISCOUNT
MONEY
ECONOMICS
EMPLOYEE
EMPLOYER
COMPANY
OFFICE
FACTORY
FINANCE
TAXES
INVESTMENT
SHOP
PROFIT
MERCHANDISE
CURRENCY
BUDGET
INCOME
SALE

80 - Fazenda #2

A	E	X	F	K	V	M	C	W	C	I	G	W	F	D
R	B	F	Q	N	U	E	N	O	C	X	O	O	R	D
J	Y	P	A	O	Y	Z	Q	D	R	I	C	T	U	P
B	E	E	H	I	V	E	O	A	I	N	V	R	I	S
X	L	E	K	T	Y	P	R	E	M	R	A	F	T	F
N	R	H	D	A	H	I	C	M	Z	K	N	Z	S	U
K	A	S	D	G	H	R	H	F	E	M	I	L	K	Q
Q	B	L	D	I	W	H	A	M	A	L	L	L	C	S
P	L	A	J	R	L	C	R	W	H	E	A	T	U	G
A	Q	M	N	R	E	A	D	P	M	C	D	E	D	G
R	N	I	T	I	F	H	M	T	R	A	C	T	O	R
B	X	N	X	G	D	E	P	B	U	M	G	W	O	U
A	I	A	K	H	A	B	R	E	R	D	X	K	L	X
R	Y	P	C	O	J	F	C	J	H	K	X	O	I	U
N	V	E	G	E	T	A	B	L	E	S	F	J	T	O

FARMER
ANIMALS
BARN
BARLEY
BEEHIVE
LAMB
FRUIT
IRRIGATION
MILK
LLAMA
RIPE
CORN
SHEEP
SHEPHERD
DUCK
ORCHARD
MEADOW
TRACTOR
WHEAT
VEGETABLE

81 - Jardim

L	E	V	O	H	S	O	I	L	H	M	T	P	P	I
N	C	A	L	A	B	P	Q	Z	O	Y	R	L	M	B
M	A	K	C	M	E	E	C	Q	S	S	A	R	G	U
T	R	R	Q	M	O	K	N	F	E	O	M	E	Y	S
R	R	T	C	O	Z	A	W	C	T	Q	P	W	T	H
M	E	Y	Q	C	E	R	A	W	H	Y	O	O	Q	B
F	T	G	W	K	K	F	L	V	C	K	L	L	D	P
O	E	G	R	D	N	T	O	D	N	Q	I	F	R	E
Z	R	N	A	L	J	R	P	X	E	J	N	O	N	B
B	H	C	C	A	N	E	D	R	A	G	E	O	M	A
F	J	K	H	E	I	E	N	I	V	V	G	D	P	K
I	I	W	N	A	H	K	O	B	H	K	A	J	O	B
P	O	R	C	H	R	Q	P	H	I	D	R	C	C	I
Y	L	S	D	T	G	D	P	F	Z	D	A	U	C	L
V	X	K	T	I	G	L	E	A	K	K	G	A	J	Y

RAKE
BUSH
TREE
BENCH
FENCE
FLOWER
GARAGE
GRASS
LAWN
GARDEN
POND
HAMMOCK
HOSE
SHOVEL
ORCHARD
SOIL
TERRACE
TRAMPOLINE
PORCH
VINE

82 - Oceano

F	P	J	D	M	U	B	V	H	T	E	D	I	V	J
Y	N	I	K	Z	F	M	P	K	F	O	L	C	E	C
T	U	R	T	L	E	G	N	O	P	S	B	O	A	T
W	H	A	L	E	E	T	I	D	E	S	F	Y	Y	D
F	H	L	E	W	R	G	A	S	T	L	I	K	C	O
T	M	S	K	A	V	L	Z	P	X	N	S	H	O	L
U	U	P	Z	A	G	R	C	C	X	C	H	S	R	P
E	X	N	J	E	L	L	Y	F	I	S	H	H	A	H
R	E	Y	A	T	C	R	A	B	Q	U	S	R	L	I
T	Q	L	S	A	L	T	W	U	Y	P	T	I	Y	N
I	W	A	G	J	L	J	A	F	Y	O	O	M	P	G
H	D	P	R	U	T	H	S	H	V	T	R	P	R	U
S	B	J	G	K	N	R	H	O	E	C	M	X	Z	M
S	H	A	R	K	K	A	F	S	I	O	U	H	Z	M
P	O	Y	S	T	E	R	P	C	I	E	G	E	B	P

ALGAE
TUNA
WHALE
BOAT
SHRIMP
CRAB
CORAL
EEL
SPONGE
DOLPHIN
TIDES
JELLYFISH
OYSTER
FISH
OCTOPUS
REEF
SALT
TURTLE
STORM
SHARK

83 - Profissões #1

S	A	T	S	I	N	A	I	P	K	D	L	X	X	P
C	C	S	M	T	C	S	X	W	B	A	O	L	E	L
X	S	I	R	A	X	F	A	U	K	N	S	C	F	U
H	U	G	E	A	R	M	U	S	O	C	Q	E	O	M
U	M	O	K	N	M	T	R	E	L	E	W	E	J	B
N	Z	L	N	M	T	B	I	E	N	R	W	S	T	E
T	L	O	A	Z	Q	I	A	S	C	O	V	R	W	R
E	D	E	B	U	B	V	S	S	T	L	Q	U	L	S
R	L	G	I	A	E	R	T	T	S	I	H	N	K	A
N	R	E	M	O	N	O	R	T	S	A	Z	O	D	U
A	G	K	Y	N	U	T	D	K	D	S	D	Q	N	A
G	F	I	R	E	F	I	G	H	T	E	R	O	W	O
H	P	M	C	G	F	D	H	L	Z	G	V	V	R	Y
T	W	J	F	M	Q	E	A	T	T	O	R	N	E	Y
M	U	S	I	C	I	A	N	U	O	K	V	I	R	D

ATTORNEY
ARTIST
ASTRONOMER
BANKER
FIREFIGHTER
HUNTER
SCIENTIST
DANCER
EDITOR
AMBASSADOR
PLUMBER
NURSE
GEOLOGIST
JEWELER
SAILOR
MUSICIAN
PIANIST

84 - Força e Gravidade

P	K	M	M	G	V	H	F	B	T	M	T	Q	Y	P
H	S	E	A	A	V	Z	W	R	B	E	M	V	J	L
Y	J	C	G	A	V	F	B	Q	I	E	S	N	X	A
S	O	H	N	I	M	P	A	C	T	C	I	S	I	N
I	D	A	I	S	Y	N	P	J	H	N	T	E	V	E
C	T	N	T	I	B	R	O	M	G	A	E	I	V	T
S	O	I	U	O	H	G	M	E	I	T	N	T	O	S
P	S	C	D	E	E	P	S	L	E	S	G	R	W	N
O	R	S	E	Z	T	J	I	T	W	I	A	E	Z	D
X	G	E	V	F	X	Q	X	D	I	D	M	P	F	Y
Y	R	I	S	B	U	G	A	E	Z	M	O	O	W	N
N	N	O	I	S	N	A	P	X	E	A	E	R	W	A
W	I	B	O	O	U	M	R	V	A	S	T	P	S	M
G	Z	O	S	J	Y	R	E	V	O	C	S	I	D	I
F	C	E	N	T	E	R	E	D	A	L	D	D	S	C

FRICTION
CENTER
DISCOVERY
DYNAMIC
DISTANCE
AXIS
EXPANSION
PHYSICS
IMPACT
MAGNETISM
MAGNITUDE
MECHANICS
ORBIT
WEIGHT
PLANETS
PRESSURE
PROPERTIES
SPEED
TIME

85 - Abelhas

S	G	N	I	W	L	S	H	K	W	N	L	C	D	G
R	W	A	A	J	L	M	B	M	L	G	N	N	I	A
E	K	A	O	N	W	O	V	C	N	O	U	G	V	R
W	H	D	R	Q	A	K	O	W	O	Q	V	R	E	D
O	T	H	K	M	X	E	A	A	Q	U	V	S	R	E
L	J	W	H	E	T	A	T	I	B	A	H	T	S	N
F	S	U	N	T	F	I	P	O	L	L	E	N	I	N
U	F	W	M	S	I	Q	U	E	E	N	B	A	T	V
Q	P	O	S	Y	S	N	E	R	J	X	L	L	Y	X
O	W	O	C	S	S	W	S	Y	F	C	O	P	B	V
E	L	R	M	O	Q	X	G	E	C	E	S	F	S	W
B	S	C	K	C	J	R	J	N	C	A	S	N	L	A
Y	L	D	U	E	V	I	H	O	U	T	O	P	N	W
C	P	A	H	I	P	T	F	H	X	H	M	E	A	I
C	V	J	M	B	E	N	E	F	I	C	I	A	L	W

WINGS
BENEFICIAL
WAX
HIVE
DIVERSITY
ECOSYSTEM
SWARM
BLOSSOM
FLOWERS
FRUIT
SMOKE
HABITAT
INSECT
GARDEN
HONEY
PLANTS
POLLEN
QUEEN
SUN

86 - Ciência

F	O	B	S	E	R	V	A	T	I	O	N	O	H	Z
A	T	A	D	P	L	A	N	T	S	C	S	O	Y	E
C	O	Z	S	E	L	U	C	E	L	O	M	O	P	R
T	Y	R	O	T	A	R	O	B	A	L	E	O	O	U
S	T	P	G	O	Q	X	E	H	A	T	F	R	T	T
I	I	A	F	A	I	A	O	P	C	X	T	J	H	A
T	V	R	O	C	N	O	I	T	U	L	O	V	E	N
N	A	T	S	H	J	I	H	Z	Z	X	L	P	S	K
E	R	I	S	E	A	Z	S	L	A	R	E	N	I	M
I	G	C	I	M	L	N	C	M	E	M	T	Q	S	T
C	V	L	L	I	Q	I	I	L	G	E	A	W	X	N
S	S	E	P	C	R	X	S	F	M	T	M	N	Q	L
Z	T	S	B	A	B	I	Y	O	M	H	I	X	Q	D
F	R	Z	S	L	A	S	H	D	Y	O	L	V	A	I
U	R	K	S	P	T	N	P	H	Q	D	C	H	X	A

ATOM
SCIENTIST
CLIMATE
DATA
EVOLUTION
FACT
PHYSICS
FOSSIL
GRAVITY
HYPOTHESIS
LABORATORY
METHOD
MINERALS
MOLECULES
NATURE
OBSERVATION
ORGANISM
PARTICLES
PLANTS
CHEMICAL

87 - Comida #1

X	R	H	X	M	C	L	E	M	O	N	Y	O	A	O
B	E	R	T	P	I	N	R	U	T	O	R	R	A	C
A	P	M	R	U	N	L	F	V	L	I	R	Y	R	M
S	E	X	E	O	N	Q	C	T	A	N	E	K	A	C
I	J	X	N	S	A	S	S	E	S	O	B	I	G	Q
L	X	U	S	M	M	E	P	W	W	K	W	Y	U	F
Y	S	B	I	N	O	I	I	S	A	L	A	D	S	D
E	C	U	X	C	N	L	N	N	S	I	R	M	R	K
N	I	X	C	A	E	D	A	F	E	M	T	W	B	F
T	J	A	G	Q	C	D	C	O	F	K	S	M	D	M
T	O	C	I	R	P	A	H	C	T	D	F	D	F	P
Z	U	I	B	M	D	T	I	V	H	X	R	P	A	Z
F	S	N	H	A	N	I	M	P	E	A	N	U	T	Y
T	A	Q	A	G	Z	J	V	A	A	K	O	X	H	R
H	K	B	A	R	L	E	Y	G	A	R	L	I	C	W

SUGAR
GARLIC
PEANUT
TUNA
CAKE
CINNAMON
ONION
CARROT
BARLEY
APRICOT
SPINACH
MILK
LEMON
BASIL
STRAWBERRY
TURNIP
SALT
SALAD
SOUP
JUICE

88 - Geometria

P	R	O	P	O	R	T	I	O	N	Y	V	B	C	F
M	Q	J	J	L	S	Y	M	M	E	T	R	Y	Z	Z
N	O	I	T	A	L	U	C	L	A	C	I	G	O	L
A	N	N	K	T	H	G	I	E	H	Z	E	K	L	M
L	V	J	W	N	D	I	A	M	E	T	E	R	E	E
A	P	E	Y	O	T	E	Q	U	A	T	I	O	N	D
C	P	G	W	Z	C	R	Z	W	X	S	C	P	O	I
I	Y	J	D	I	Q	I	I	U	U	Z	O	L	I	A
T	H	E	O	R	Y	S	R	A	Q	K	P	Q	S	N
R	N	K	B	O	F	Z	U	C	N	U	M	P	N	G
E	I	E	S	H	J	L	R	A	L	G	E	K	E	F
V	I	L	M	C	U	R	V	E	U	E	L	Z	M	J
L	N	G	X	G	W	A	F	V	T	O	A	E	I	A
P	Y	N	H	L	E	L	L	A	R	A	P	O	D	M
E	C	A	F	R	U	S	S	A	M	Y	Y	E	H	Y

HEIGHT
ANGLE
CALCULATION
CIRCLE
CURVE
DIAMETER
DIMENSION
EQUATION
HORIZONTAL
LOGIC

MASS
MEDIAN
PARALLEL
PROPORTION
SEGMENT
SYMMETRY
SURFACE
THEORY
TRIANGLE
VERTICAL

89 - Pássaros

T	G	G	A	D	X	Q	C	Q	O	K	C	S	O	F
Z	G	A	P	R	W	R	R	M	T	J	W	S	X	L
P	E	S	T	O	R	K	N	Q	H	O	B	I	W	A
E	L	F	S	E	K	N	A	C	U	O	T	O	H	M
L	G	N	E	K	C	I	H	C	H	Z	C	E	P	I
I	A	O	W	Q	U	U	P	B	T	I	R	F	D	N
C	E	R	O	N	D	G	O	E	A	G	O	U	T	G
A	X	E	R	S	P	N	P	S	A	J	W	X	O	O
N	K	H	R	J	E	E	A	Y	T	C	G	U	L	L
L	R	A	A	C	E	P	R	K	K	R	O	P	Z	N
T	R	B	P	E	Z	Y	R	H	X	R	I	C	U	U
K	F	P	S	T	W	T	O	O	K	C	U	C	K	O
S	G	S	W	A	N	J	T	L	H	G	V	G	H	W
P	I	G	E	O	N	Q	C	H	L	A	X	G	B	F
O	G	D	X	F	M	T	O	M	Z	T	K	Z	B	E

OSTRICH
EAGLE
STORK
SWAN
CROW
CUCKOO
FLAMINGO
CHICKEN
GULL
GOOSE
HERON
EGG
PARROT
SPARROW
DUCK
PEACOCK
PELICAN
PENGUIN
PIGEON
TOUCAN

90 - Literatura

J	X	X	W	E	N	A	N	E	C	D	O	T	E	C
L	Y	L	C	C	O	M	P	A	R	I	S	O	N	O
D	E	S	C	R	I	P	T	I	O	N	A	D	I	N
D	M	V	X	J	N	N	I	U	H	G	N	I	T	C
H	E	U	O	R	I	P	Y	C	P	K	A	A	E	L
Q	H	Z	R	N	P	O	D	V	A	K	L	L	V	U
P	T	C	D	T	O	T	E	J	T	Y	O	O	G	S
F	X	Z	U	V	S	O	G	D	E	U	G	G	Z	I
S	I	S	Y	L	A	N	A	X	M	R	Y	U	S	O
N	T	C	L	R	J	F	R	B	G	J	O	E	L	N
C	G	Y	T	U	J	Z	T	A	U	T	H	O	R	V
H	Q	N	L	I	Y	H	P	A	R	G	O	I	B	X
Q	C	C	O	E	O	R	O	T	A	R	R	A	N	H
X	R	Q	C	R	O	N	E	M	Y	H	R	M	M	R
I	S	O	D	M	B	N	M	H	T	Y	H	R	N	K

ANALOGY
ANALYSIS
ANECDOTE
AUTHOR
BIOGRAPHY
COMPARISON
CONCLUSION
DESCRIPTION
DIALOGUE
STYLE
FICTION
METAPHOR
NARRATOR
OPINION
POEM
RHYME
RHYTHM
NOVEL
THEME
TRAGEDY

91 - Química

M	S	A	G	D	S	S	A	L	K	A	L	I	N	E
N	O	A	Z	C	N	T	H	G	I	E	W	I	O	K
U	E	L	L	A	K	N	O	B	R	A	C	G	I	P
C	N	T	E	T	A	E	H	S	I	Z	J	T	B	C
L	Z	E	N	C	N	M	C	A	T	A	L	Y	S	T
E	Y	M	I	I	U	E	H	Y	D	R	O	G	E	N
A	M	P	R	N	D	L	H	O	I	I	U	V	P	P
R	E	E	O	A	M	E	E	V	C	R	U	Q	G	P
L	A	R	L	G	J	L	W	B	A	N	E	Q	B	I
M	H	A	H	R	I	E	O	X	Y	G	E	N	I	T
J	V	T	C	O	T	C	D	J	T	U	K	A	R	L
G	N	U	C	M	W	T	P	V	Z	N	A	A	Q	I
Z	R	R	B	V	B	R	S	N	I	L	M	K	D	Q
S	A	E	R	X	D	O	C	T	Z	N	K	Q	W	I
G	N	P	S	B	S	N	E	G	L	M	U	P	P	R

ALKALINE
ACID
HEAT
CARBON
CATALYST
CHLORINE
ELEMENTS
ELECTRON
ENZYME
GAS
HYDROGEN
ION
LIQUID
MOLECULE
NUCLEAR
ORGANIC
OXYGEN
WEIGHT
SALT
TEMPERATURE

92 - Clima

A	H	V	I	Z	E	X	W	K	Q	U	C	X	V	G
T	T	U	O	U	M	G	A	R	H	Q	D	P	R	D
E	P	M	R	A	L	O	P	M	I	F	V	M	G	L
M	T	K	O	R	T	F	X	W	A	M	J	D	T	A
P	R	H	G	S	I	R	Y	E	Z	E	E	R	B	T
E	K	N	E	U	P	C	O	D	A	N	R	O	T	H
R	C	Z	G	C	S	H	A	P	J	C	U	U	E	U
A	R	S	N	Y	K	Z	E	N	I	P	D	G	I	N
T	C	I	I	F	Y	I	L	R	E	C	R	H	M	D
U	Z	C	N	M	K	R	Y	Q	E	M	A	T	U	E
R	M	E	T	A	M	I	L	C	I	C	R	L	O	R
E	Q	N	H	Y	R	D	U	O	L	C	P	C	K	R
M	N	F	G	N	O	O	S	N	O	M	F	B	A	D
L	D	N	I	W	T	Q	R	A	I	N	B	O	W	X
H	C	A	L	L	S	N	W	P	X	B	G	L	I	I

RAINBOW
ATMOSPHERE
BREEZE
SKY
CLIMATE
HURRICANE
ICE
MONSOON
FOG
CLOUD
POLAR
LIGHTNING
DROUGHT
DRY
TEMPERATURE
STORM
TORNADO
TROPICAL
THUNDER
WIND

93 - Arte

D	O	B	X	O	M	E	Q	Y	G	B	R	H	R	P
Y	F	D	E	R	I	P	S	N	I	I	L	O	G	E
E	Q	Y	L	I	A	V	Y	K	X	E	G	N	G	R
F	N	M	P	G	S	I	M	P	L	E	M	E	S	S
C	G	C	M	I	N	S	M	W	V	T	S	S	U	O
S	O	T	O	N	P	O	R	T	R	A	Y	T	R	N
R	U	M	C	A	M	O	X	K	C	E	P	V	R	A
S	E	B	P	L	Q	O	U	G	E	R	A	J	E	L
H	X	V	J	O	H	C	O	V	R	C	I	F	A	M
X	X	L	D	E	S	A	M	D	A	N	N	I	L	P
M	I	S	Q	F	C	I	D	L	M	M	T	G	I	O
S	Y	M	B	O	L	T	T	R	I	Q	I	U	S	E
V	I	S	U	A	L	X	Q	I	C	J	N	R	M	T
S	C	U	L	P	T	U	R	E	O	W	G	E	F	R
E	X	P	R	E	S	S	I	O	N	N	S	N	P	Y

CERAMIC
COMPLEX
COMPOSITION
CREATE
SCULPTURE
EXPRESSION
FIGURE
HONEST
MOOD
INSPIRED
ORIGINAL
PERSONAL
PAINTINGS
POETRY
PORTRAY
SIMPLE
SYMBOL
SUBJECT
SURREALISM
VISUAL

94 - Diplomacia

G	C	I	T	I	Z	E	N	S	N	T	I	V	T	G
O	A	B	C	D	S	R	A	O	O	A	G	N	R	G
V	M	N	I	I	H	E	I	O	I	Y	X	M	E	Q
E	B	O	L	P	Q	S	R	O	S	T	P	M	A	N
R	A	I	F	L	Y	O	A	C	S	I	U	N	T	X
N	S	T	N	O	T	L	T	T	U	N	A	L	Y	S
M	S	A	O	M	I	U	I	Y	C	U	D	X	O	H
E	A	R	C	A	R	T	N	S	S	M	V	L	G	S
N	D	E	T	T	G	I	A	S	I	M	I	I	V	C
T	O	P	S	I	E	O	M	A	D	O	S	A	A	I
Y	R	O	S	C	T	N	U	B	S	C	E	N	C	T
W	M	O	Y	B	N	S	H	M	Q	Z	R	K	V	I
S	E	C	U	R	I	T	Y	E	T	H	I	C	S	L
I	Z	J	C	K	L	A	N	G	U	A	G	E	S	O
L	U	J	U	S	T	I	C	E	P	K	C	P	G	P

CITIZENS
COMMUNITY
CONFLICT
ADVISER
COOPERATION
DIPLOMATIC
DISCUSSION
EMBASSY
AMBASSADOR
ETHICS
GOVERNMENT
HUMANITARIAN
INTEGRITY
JUSTICE
LANGUAGES
POLITICS
RESOLUTION
SECURITY
SOLUTION
TREATY

95 - Comida # 2

A	U	O	T	Q	X	Y	Y	C	G	S	N	D	A	A
I	L	J	U	V	E	G	G	B	H	Z	C	H	P	A
J	H	M	F	I	S	H	G	T	A	E	H	W	P	S
K	E	M	O	O	R	H	S	U	M	R	R	L	L	I
R	I	C	E	N	C	H	E	E	S	E	X	R	E	K
L	L	G	I	E	D	W	F	T	R	U	G	O	Y	S
A	O	V	P	K	Q	T	N	A	L	P	G	G	E	P
K	C	M	Y	C	T	B	D	L	G	H	H	E	F	Q
G	C	U	T	I	U	E	K	O	H	C	I	T	R	A
R	O	M	B	H	K	L	O	C	R	Q	S	D	D	H
A	R	Z	Z	C	W	Z	G	O	T	O	M	A	T	O
P	B	O	M	R	L	K	Q	H	K	W	R	Q	K	U
E	K	B	A	N	A	N	A	C	F	I	L	M	M	L
G	Z	V	H	U	T	S	F	X	N	T	W	H	P	L
F	M	Q	U	G	M	U	N	Z	Q	F	R	I	N	Z

ARTICHOKE
ALMOND
RICE
BANANA
EGGPLANT
BROCCOLI
CHERRY
CHOCOLATE
MUSHROOM
CHICKEN
YOGURT
KIWI
APPLE
EGG
FISH
HAM
CHEESE
TOMATO
WHEAT
GRAPE

96 - Universo

U	R	X	A	H	O	R	I	Z	O	N	B	V	X	T
E	H	H	Q	T	C	E	L	E	S	T	I	A	L	E
L	H	K	S	W	M	P	Y	U	I	I	N	G	A	L
B	A	L	E	U	Y	O	K	N	G	B	S	A	S	E
I	P	T	C	O	L	F	S	H	Q	R	T	L	T	S
S	U	C	I	M	S	O	C	P	L	O	D	A	R	C
I	O	A	T	T	J	T	K	H	H	Z	I	X	O	O
V	Z	I	S	C	U	T	V	Q	R	E	O	Y	N	P
Q	G	D	L	W	T	D	P	W	V	N	R	S	O	E
V	X	O	O	T	U	Q	E	S	E	T	E	E	M	H
J	M	Z	S	Q	M	Z	A	O	O	Q	T	S	Y	Y
K	O	E	Q	U	A	T	O	R	X	L	S	K	X	O
F	O	L	O	N	G	I	T	U	D	E	A	M	B	F
P	N	H	E	M	I	S	P	H	E	R	E	R	N	Y
A	S	T	R	O	N	O	M	E	R	B	A	M	T	E

ASTEROID
ASTRONOMY
ASTRONOMER
ATMOSPHERE
CELESTIAL
SKY
COSMIC
EQUATOR
GALAXY
HEMISPHERE
HORIZON
LATITUDE
LONGITUDE
MOON
ORBIT
SOLAR
SOLSTICE
TELESCOPE
VISIBLE
ZODIAC

97 - Jazz

W	A	N	U	S	E	T	I	R	O	V	A	F	G	G
R	I	L	A	Z	Q	F	E	S	I	E	E	A	R	C
P	E	R	O	T	K	G	A	C	Z	M	I	M	F	Q
P	M	E	M	S	G	B	T	I	H	G	N	O	S	P
C	L	F	H	N	B	Q	G	S	G	N	O	U	A	G
G	A	R	T	I	S	T	V	K	B	F	I	S	W	B
Y	E	J	Y	T	R	E	C	N	O	C	T	Q	N	O
M	O	N	H	S	N	E	S	B	I	Q	I	X	U	R
Q	H	A	R	J	H	E	D	V	L	U	S	N	D	E
M	I	M	G	E	D	A	L	B	U	M	O	E	R	S
U	S	T	Y	L	E	R	O	A	B	C	P	W	U	O
S	I	S	A	H	P	M	E	B	T	C	M	Y	M	P
I	O	R	C	H	E	S	T	R	A	S	O	K	S	M
C	L	F	L	F	N	D	I	N	Y	Q	C	F	S	O
I	M	P	R	O	V	I	S	A	T	I	O	N	L	C

ARTIST
ALBUM
DRUMS
SONG
COMPOSITION
COMPOSER
CONCERT
STYLE
EMPHASIS
FAMOUS
FAVORITES
GENRE
IMPROVISATION
MUSIC
NEW
ORCHESTRA
RHYTHM
TALENT
TECHNIQUE
OLD

98 - Barcos

R	I	P	D	D	O	C	Y	W	G	F	E	R	R	Y
I	M	A	S	T	C	R	N	I	T	D	N	U	C	O
V	O	S	Y	H	E	E	G	Y	V	W	I	E	X	U
E	B	H	D	C	A	W	F	F	X	E	G	Y	E	B
R	R	K	H	A	N	J	P	O	H	C	N	G	N	K
T	I	D	E	Y	X	Z	K	R	W	I	E	E	T	G
L	A	C	I	T	U	A	N	B	T	R	R	P	Y	W
J	A	V	O	F	Z	K	F	C	M	Y	S	Y	O	P
S	F	K	I	A	B	K	W	D	A	C	L	E	X	Q
G	G	F	E	R	Z	W	A	F	S	D	T	O	A	B
K	A	Y	A	K	C	H	V	R	G	K	G	N	J	U
D	C	U	D	K	R	K	E	O	A	H	J	A	O	V
Y	R	O	L	I	A	S	S	P	R	O	H	C	N	A
P	I	G	D	K	U	M	Y	E	P	H	K	U	O	H
H	N	A	Z	V	H	W	D	B	X	X	Q	G	Y	O

ANCHOR
FERRY
BUOY
KAYAK
CANOE
ROPE
DOCK
YACHT
RAFT
LAKE
SEA
TIDE
SAILOR
MAST
ENGINE
NAUTICAL
OCEAN
WAVES
RIVER
CREW

99 - Mamíferos

U	S	M	L	B	I	V	H	B	W	L	C	Z	G	K
E	L	E	P	H	A	N	T	Q	L	I	A	E	I	A
L	T	X	D	D	B	U	J	I	B	O	M	B	R	N
A	K	O	V	O	N	P	N	A	B	N	E	R	A	G
H	H	F	Y	G	D	T	S	D	O	B	L	A	F	A
W	O	L	E	O	G	S	I	O	L	U	A	Y	F	R
O	R	O	K	G	C	X	R	M	C	G	L	R	E	O
P	S	W	N	X	U	O	V	K	R	S	L	U	C	O
D	E	Y	O	Y	T	S	Z	A	Q	G	I	X	C	W
B	P	H	M	D	O	L	P	H	I	N	R	J	U	V
V	E	Y	M	T	R	L	E	C	R	U	O	N	U	I
X	S	A	E	C	C	U	E	N	Z	Y	G	Z	L	R
U	M	X	V	B	A	B	H	R	D	S	F	Q	E	O
Q	D	K	U	E	T	C	S	Z	X	I	T	G	H	R
H	L	I	G	A	R	K	D	T	E	Y	M	W	W	E

WHALE
CAMEL
KANGAROO
BEAVER
HORSE
DOG
RABBIT
COYOTE
ELEPHANT
CAT
GIRAFFE
DOLPHIN
GORILLA
LION
WOLF
MONKEY
SHEEP
FOX
BULL
ZEBRA

100 - Atividades e Lazer

V	D	O	P	P	E	K	I	H	T	D	Q	Y	Q	I
E	I	Q	G	O	F	R	C	O	N	R	I	A	Q	T
B	V	I	J	R	A	R	T	B	G	J	A	K	D	K
K	I	R	G	N	H	M	R	B	H	C	C	V	X	W
G	N	I	P	M	A	C	A	I	A	X	G	D	E	F
R	G	N	I	H	S	I	F	E	B	W	S	F	S	L
E	E	D	V	I	T	N	W	S	Y	O	R	B	Q	O
C	L	L	A	B	T	E	K	S	A	B	X	E	I	G
C	U	P	A	P	A	I	N	T	I	N	G	I	U	J
O	D	J	N	X	O	V	Z	S	H	L	N	B	N	B
S	K	M	G	N	I	M	M	I	W	S	W	O	R	G
Z	R	F	L	T	G	N	I	N	E	D	R	A	G	B
S	U	R	F	I	N	G	G	N	I	K	I	H	S	F
B	A	S	E	B	A	L	L	E	P	V	R	T	N	P
B	K	R	A	C	I	N	G	T	V	X	J	W	U	M

CAMPING
ART
BASKETBALL
BASEBALL
BOXING
HIKING
RACING
SOCCER
GOLF
HOBBIES
GARDENING
DIVING
SWIMMING
FISHING
PAINTING
RELAXING
SURFING
TENNIS
TRAVEL

1 - Dirigindo

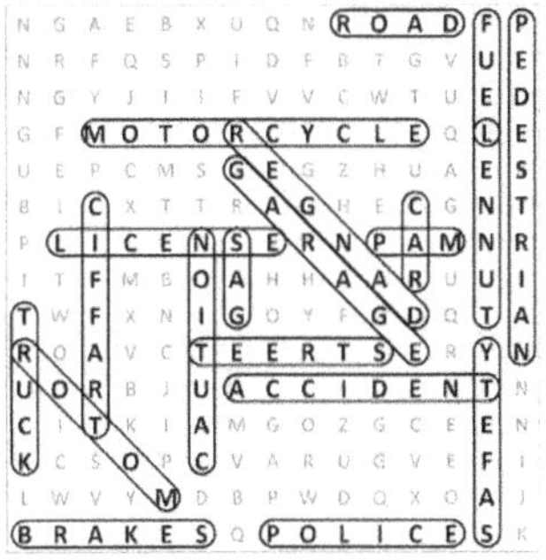

2 - Antiguidades

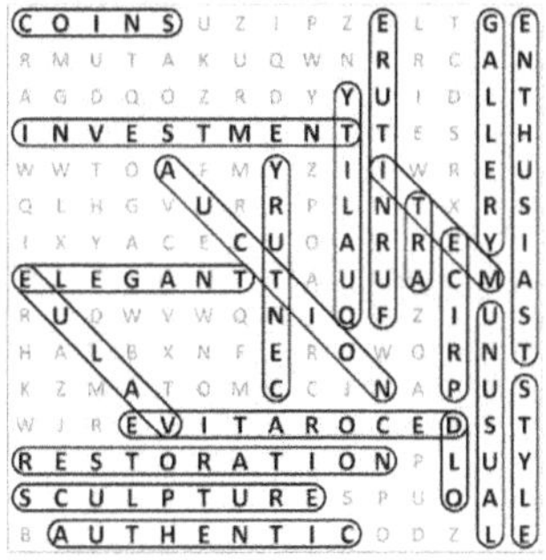

3 - Churrascos

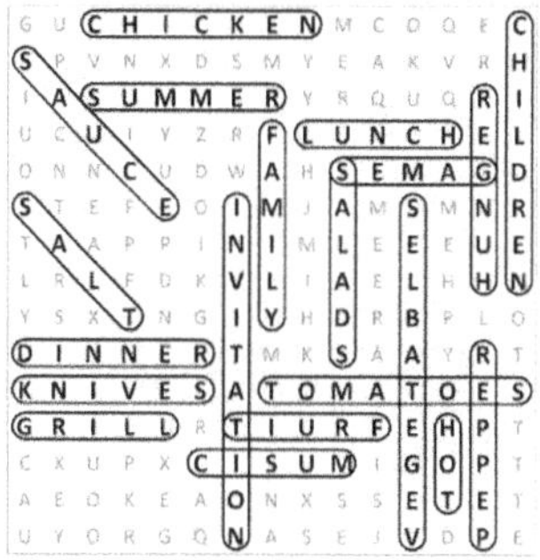

4 - Geologia

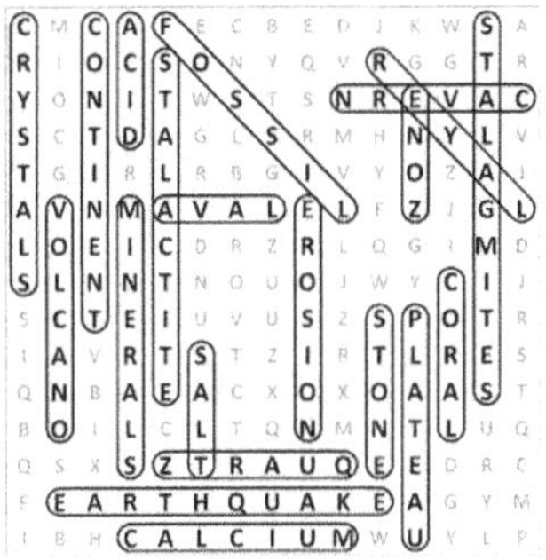

5 - Ética

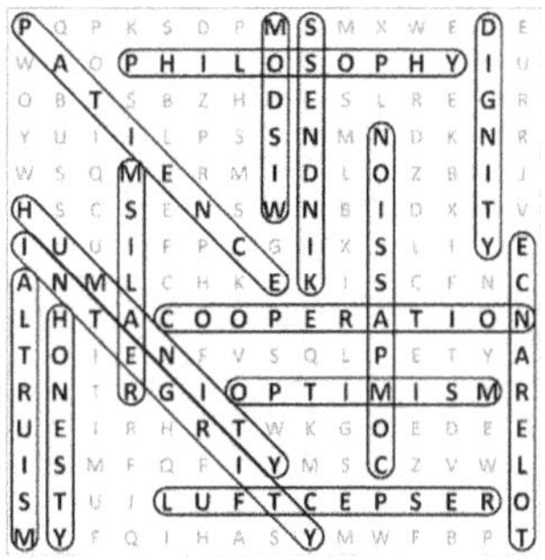

6 - Tempo

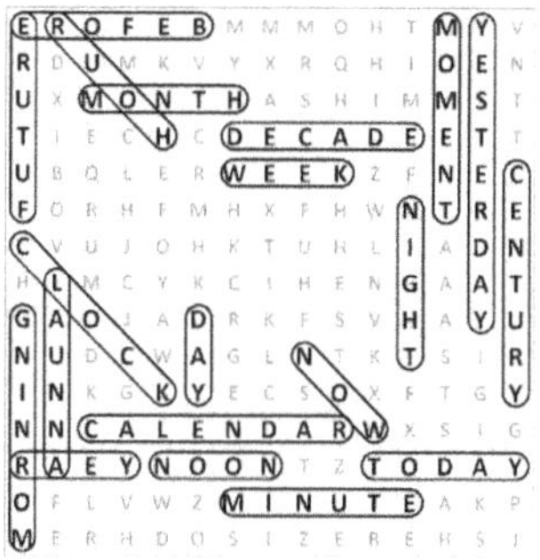

7 - Astronomia

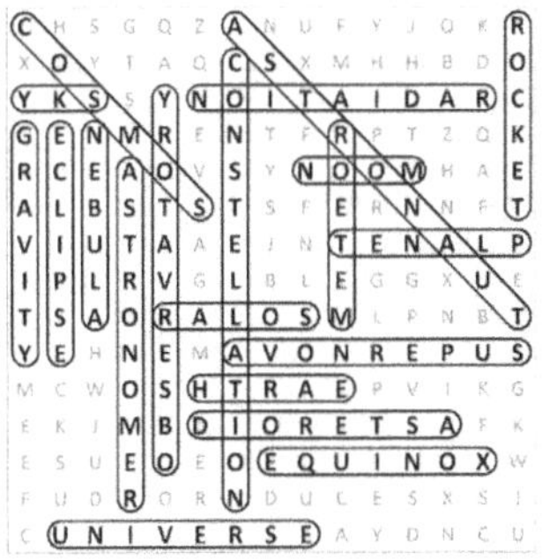

8 - Acampamento

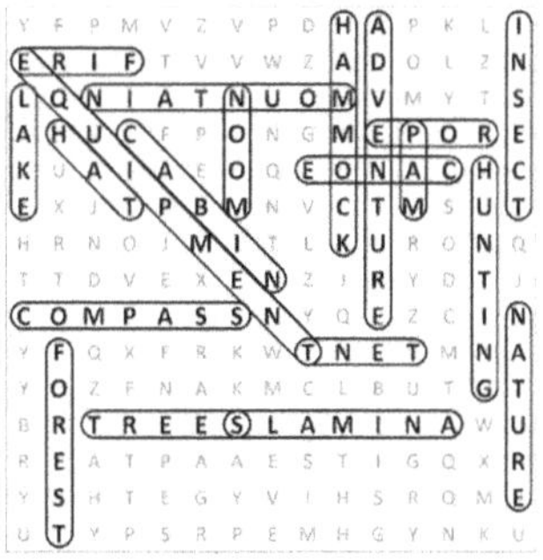

9 - Ficção Científica

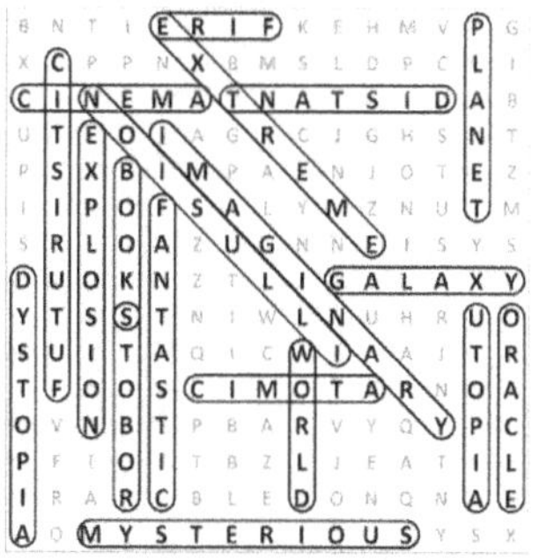

10 - Mitologia

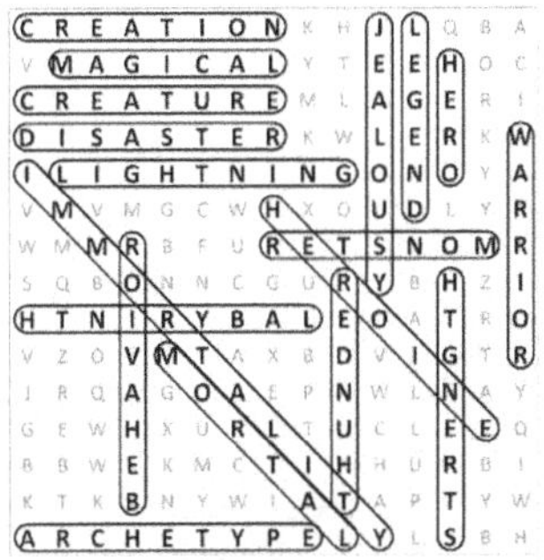

11 - Medições

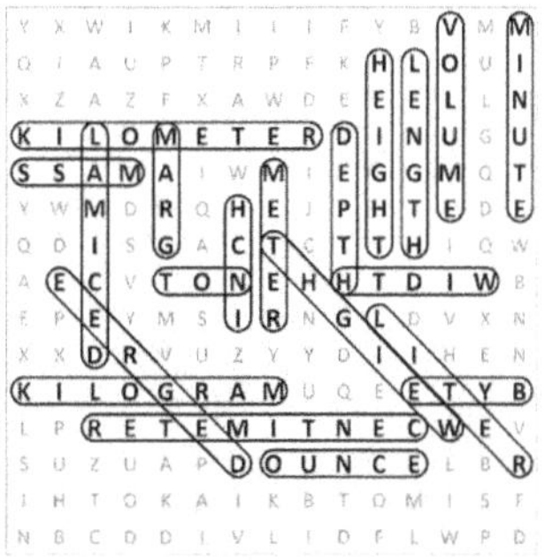

12 - Álgebra

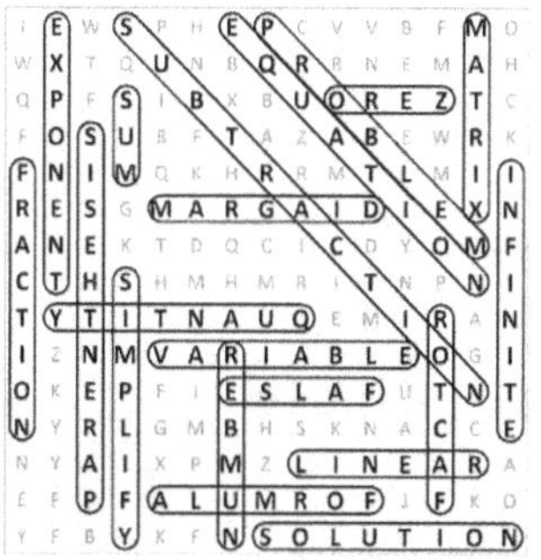

13 - Plantas

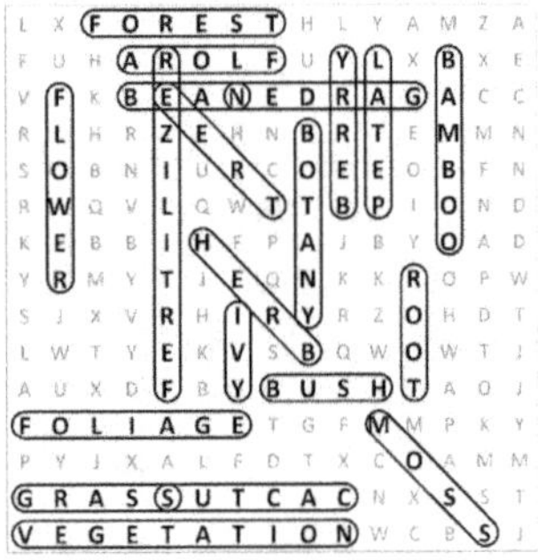

14 - Veículos

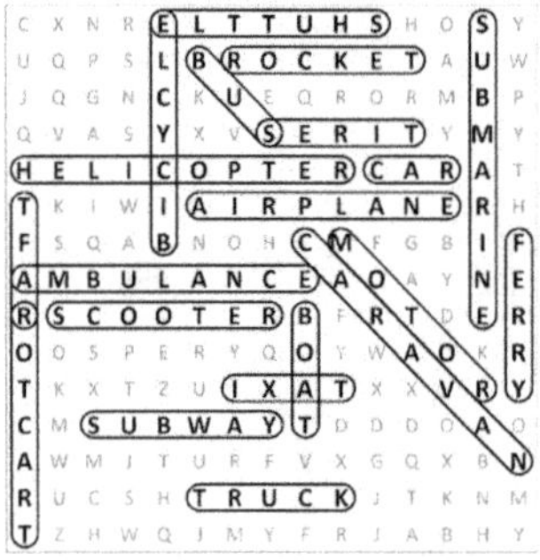

15 - Engenharia

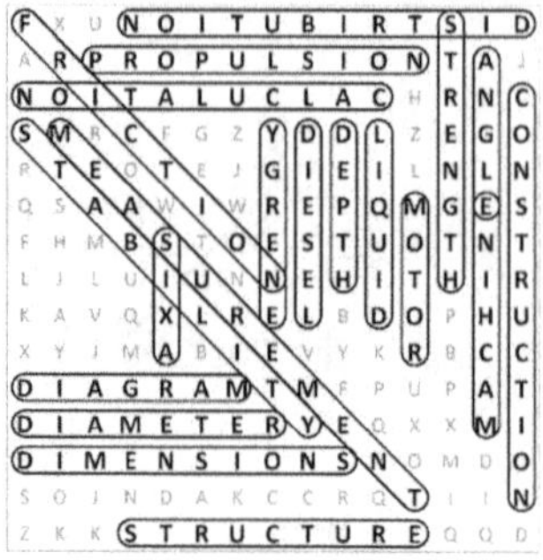

16 - Restaurante # 2

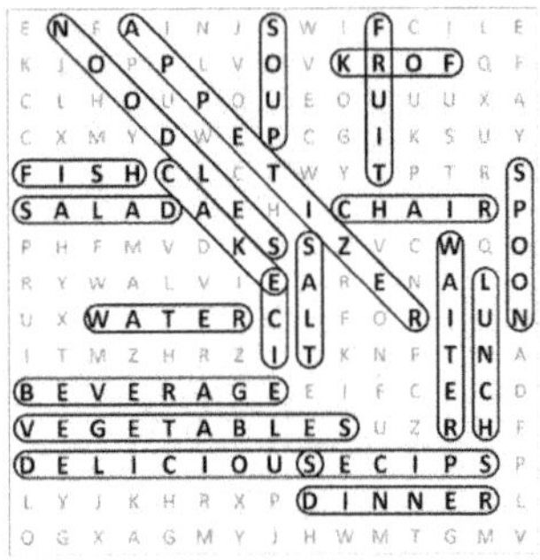

17 - Países #2

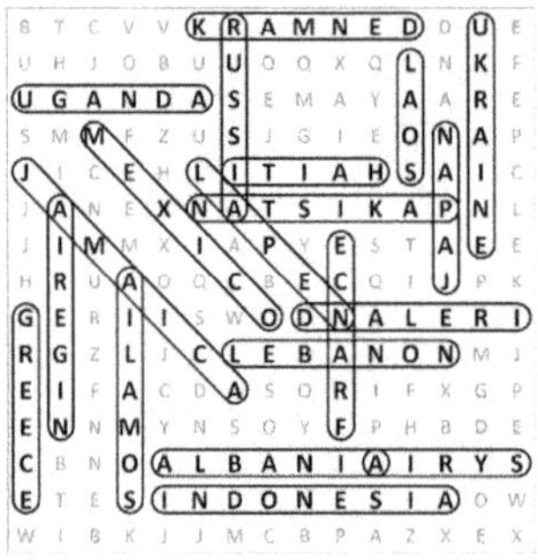

18 - Cozinha

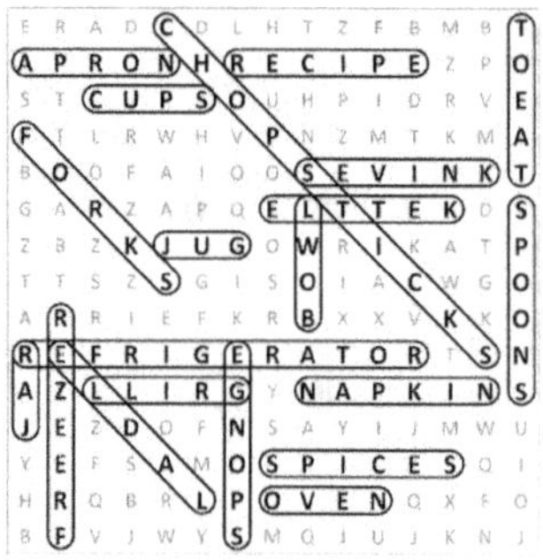

19 - Material de Arte

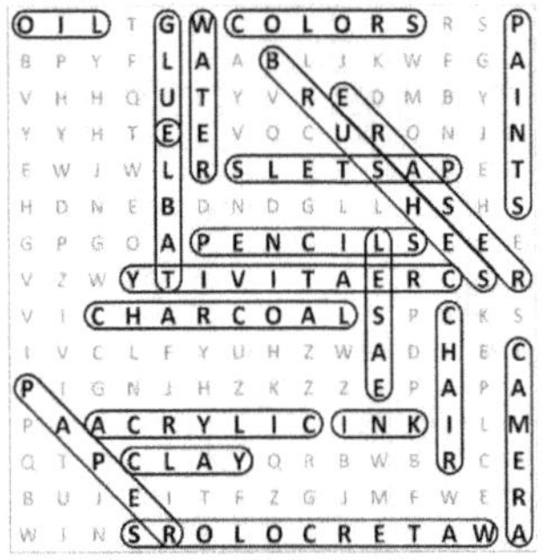

20 - Números

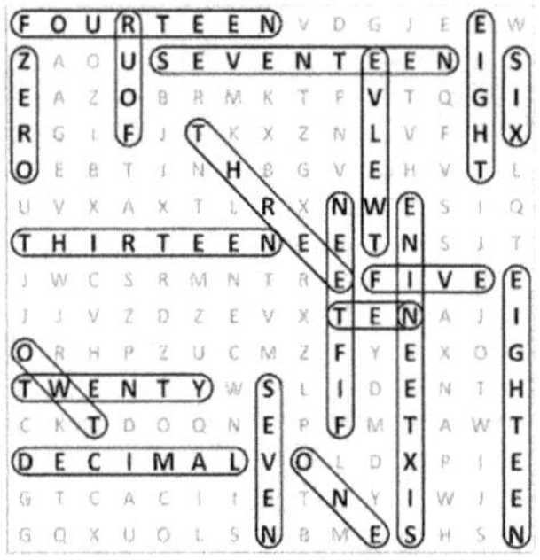

21 - Física

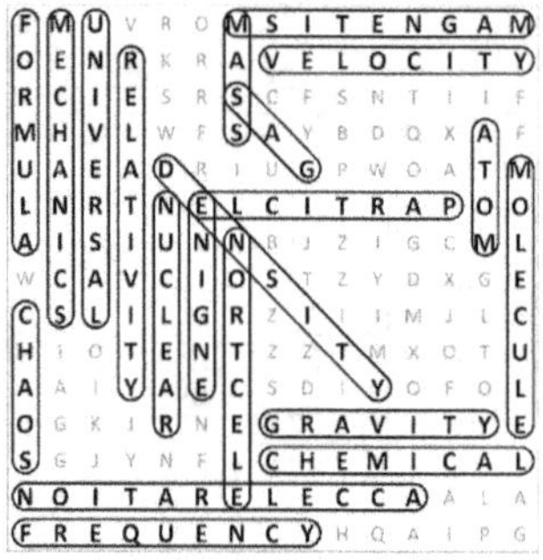

22 - Especiarias

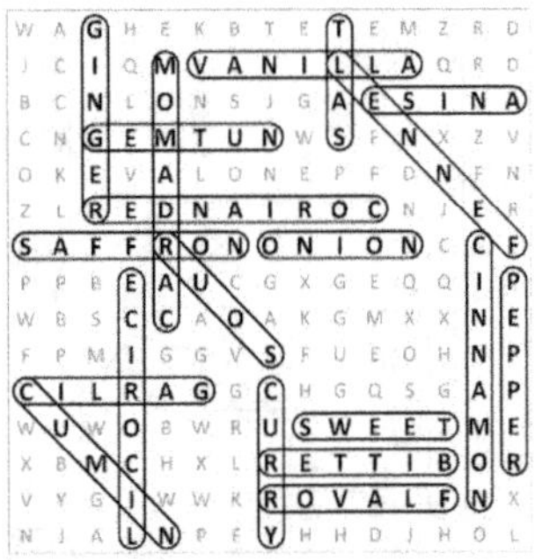

23 - Países #1

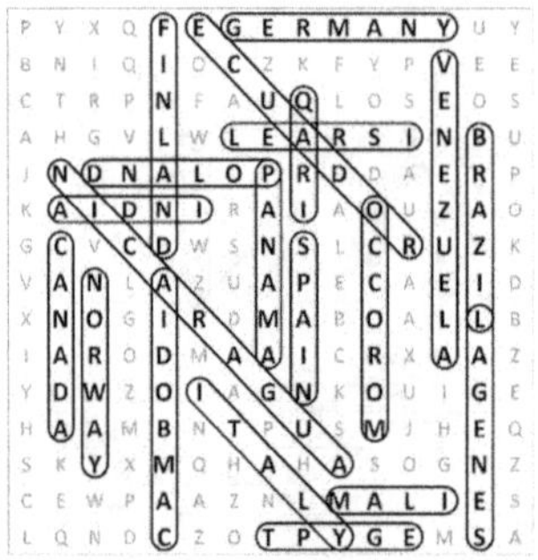

24 - A Mídia

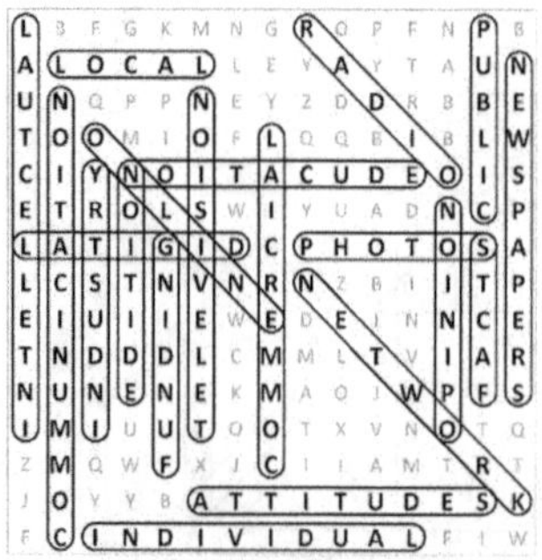

25 - Casa

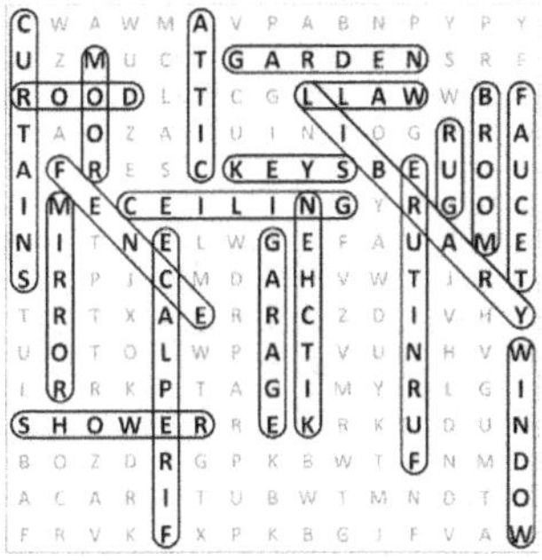

26 - Vegetais

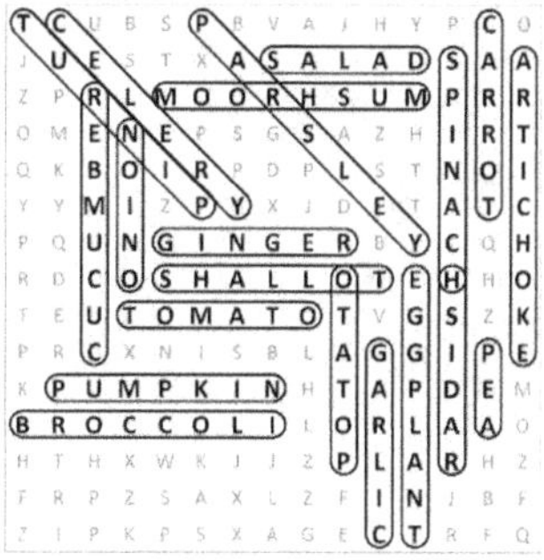

27 - Balé

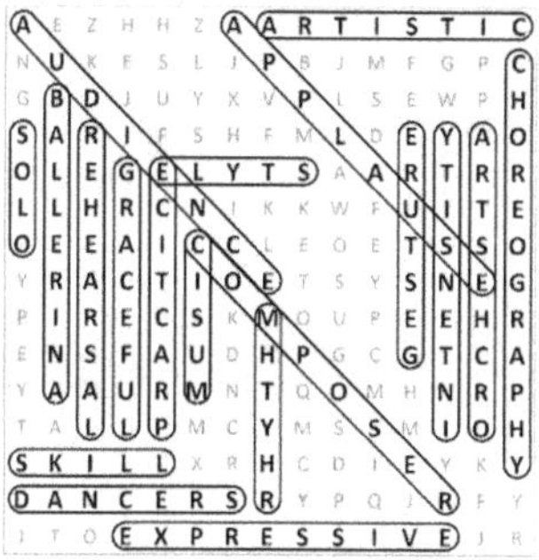

28 - Adjetivos #1

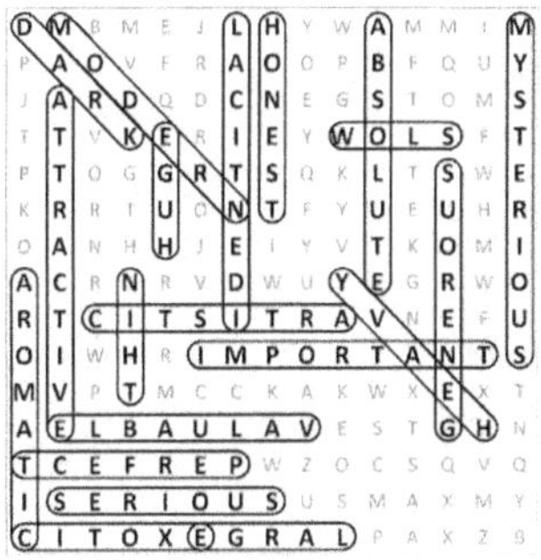

29 - Psicologia

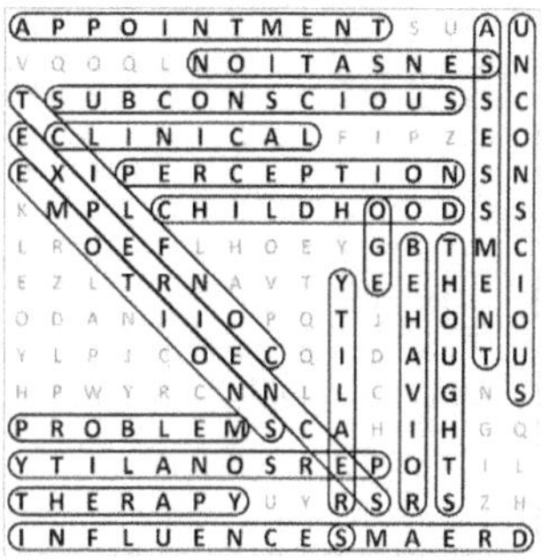

30 - Paisagens

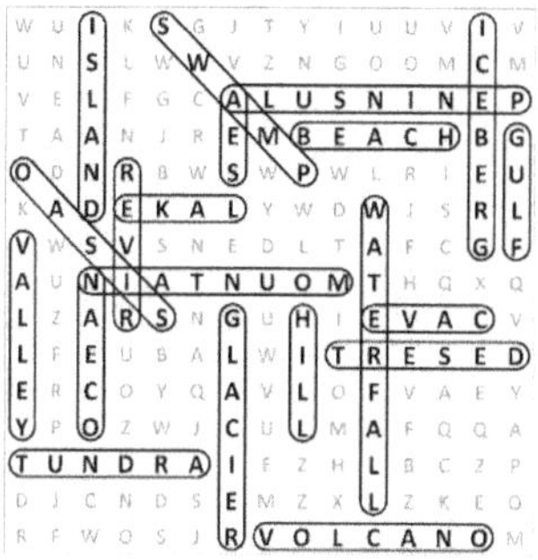

31 - Dança

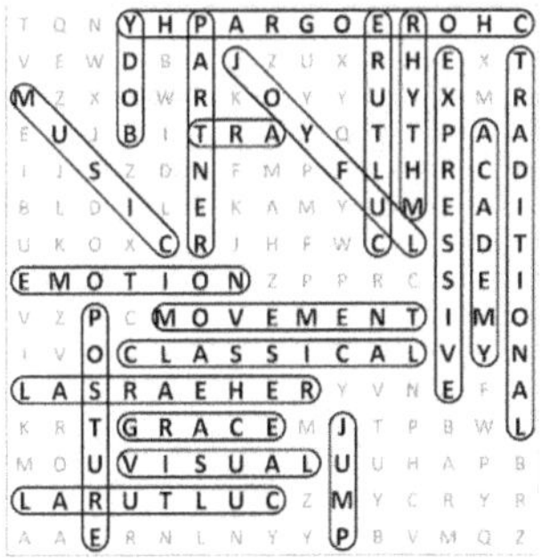

32 - Nutrição

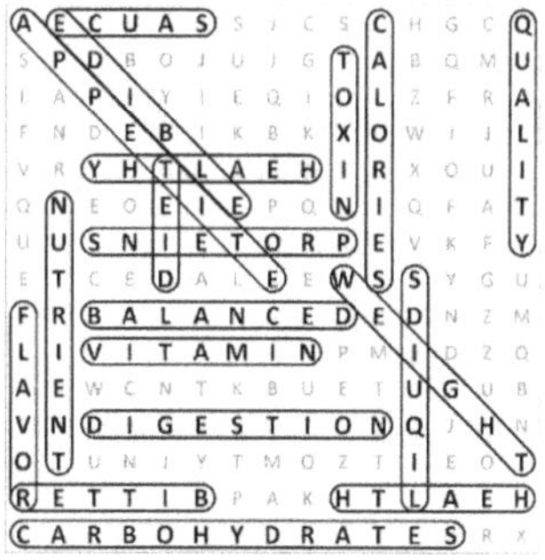

33 - Energia

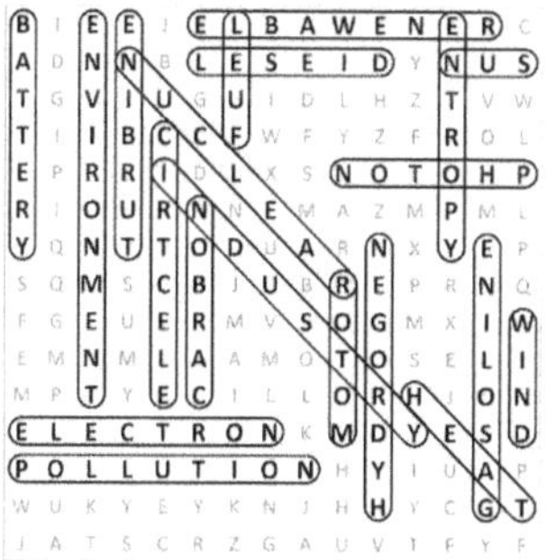

34 - Disciplinas Científicas

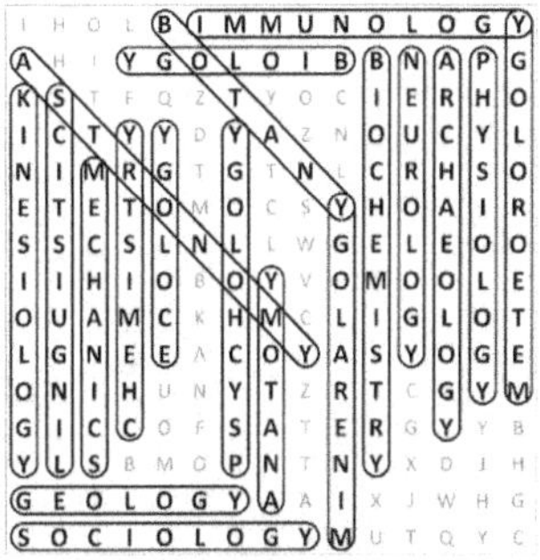

35 - Meditação

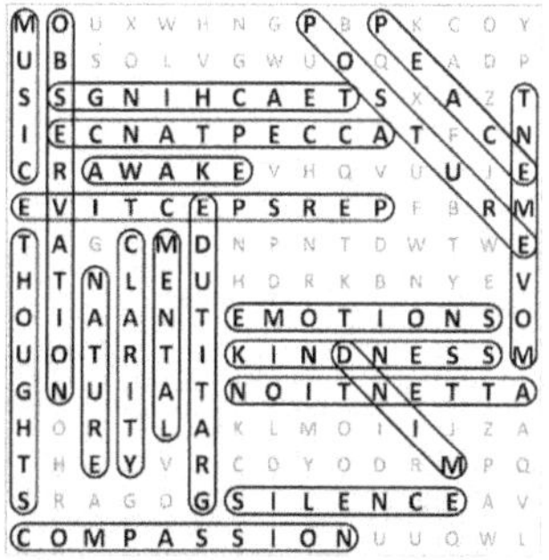

36 - Artes Visuais

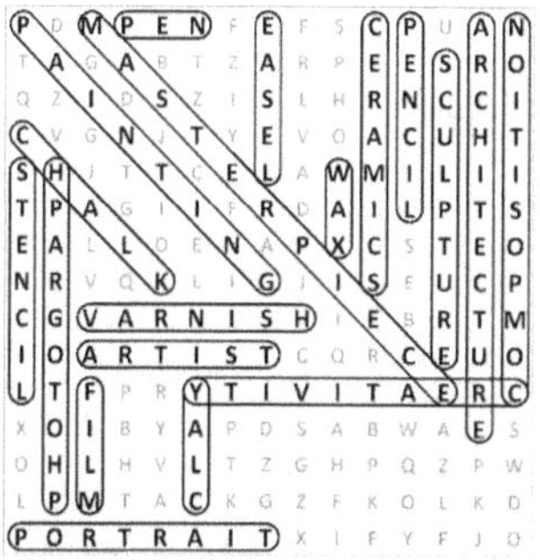

37 - Moda

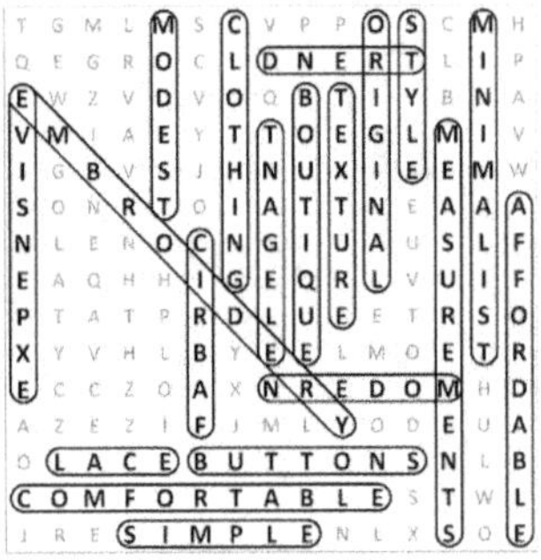

38 - Instrumentos Musicais

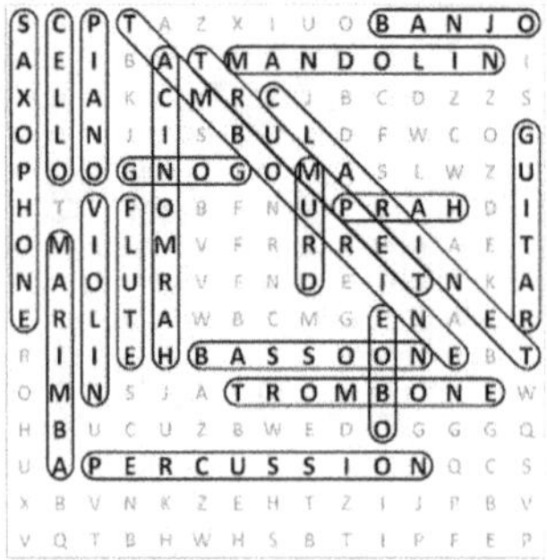

39 - Adjetivos #2

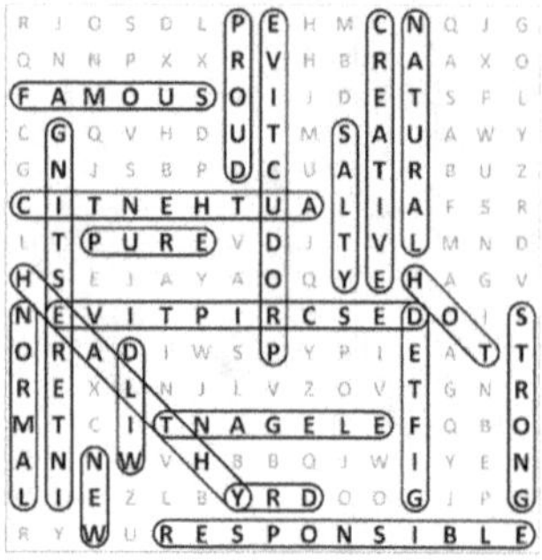

40 - Roupas

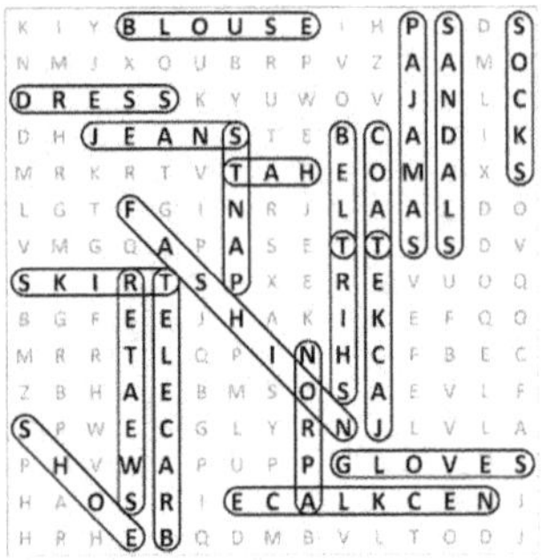

41 - Herbalismo

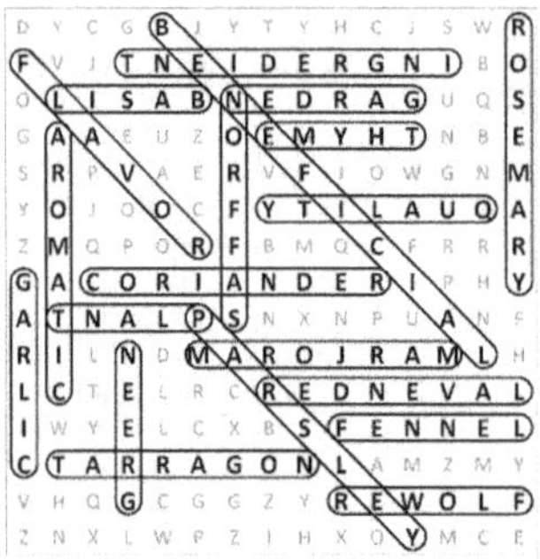

42 - Arqueologia

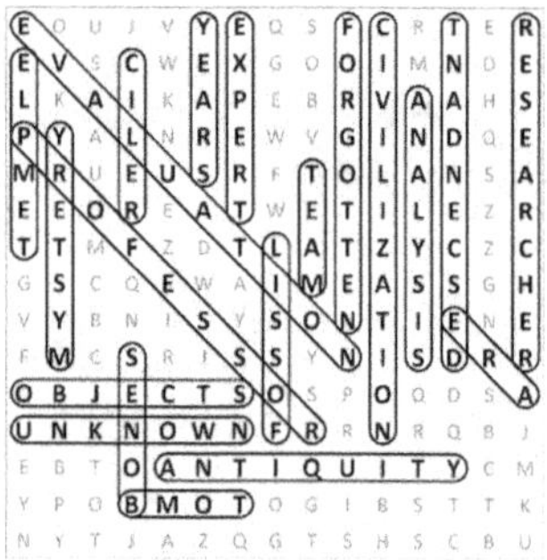

43 - Esporte

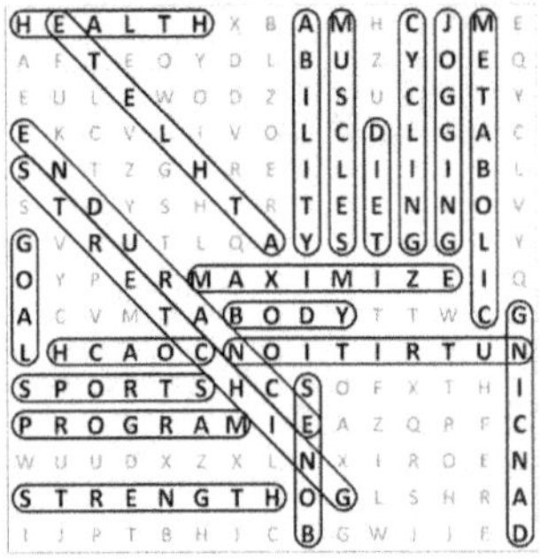

44 - Agronomia

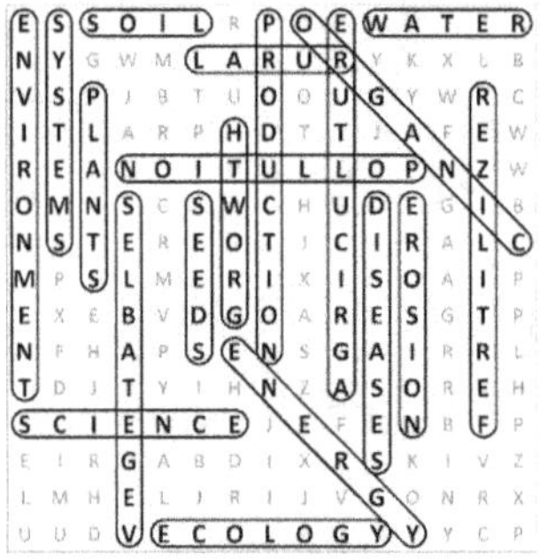

45 - Frutas

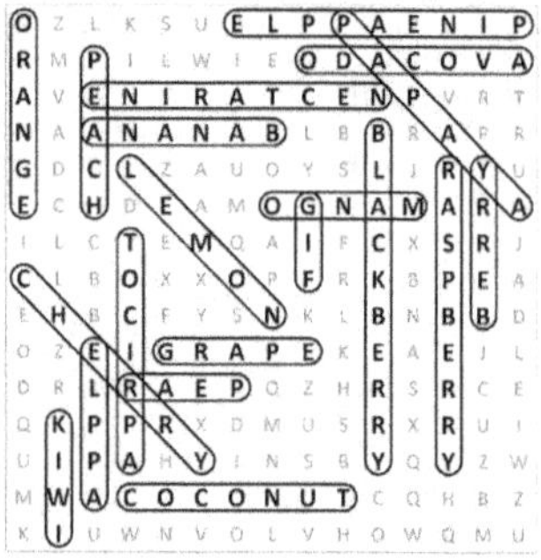

46 - Corpo Humano

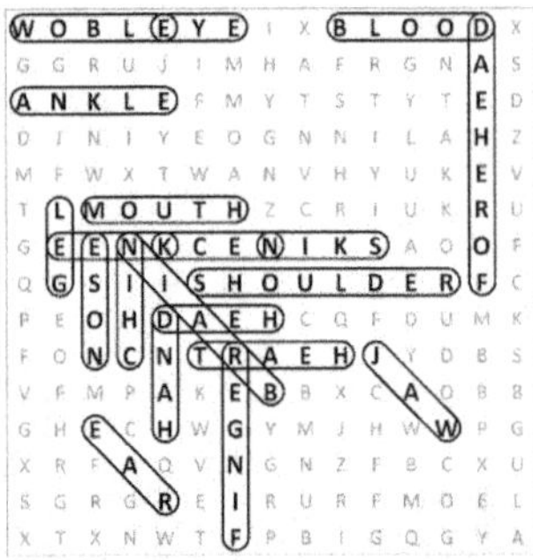

47 - Caminhada

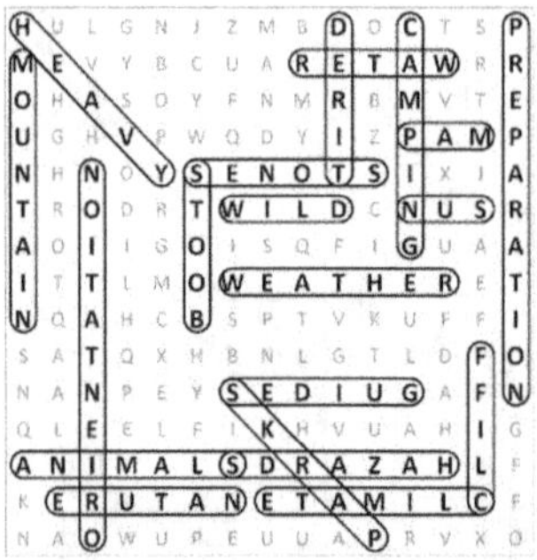

48 - Biologia

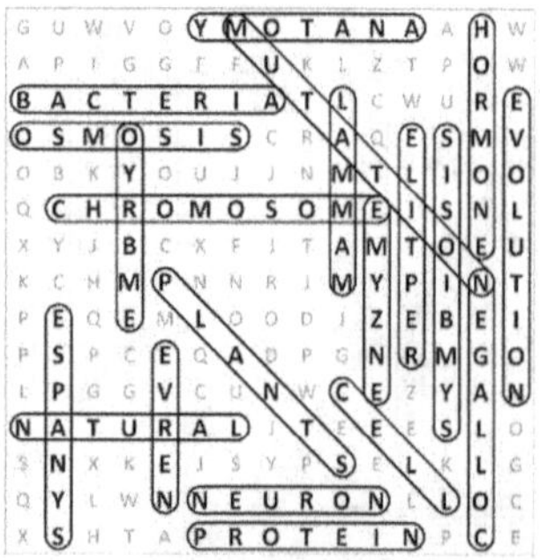

49 - Beleza

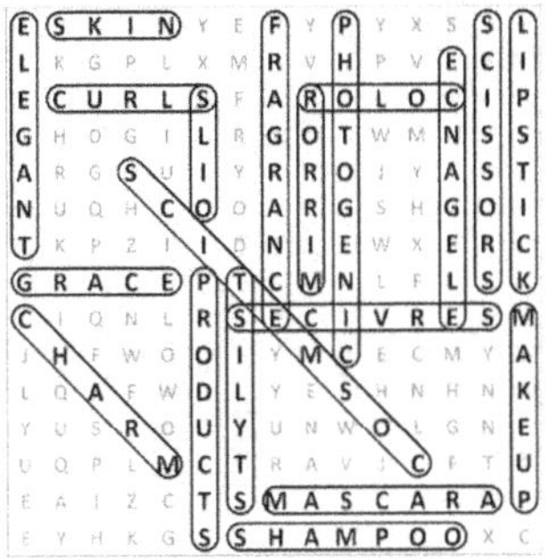

50 - Filantropia

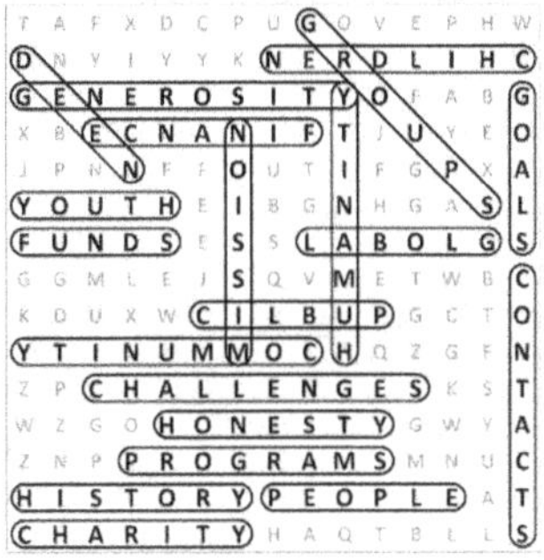

51 - Ecologia

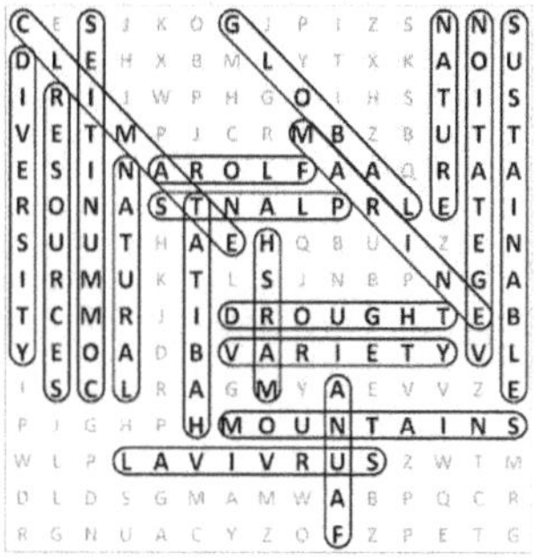

52 - Família

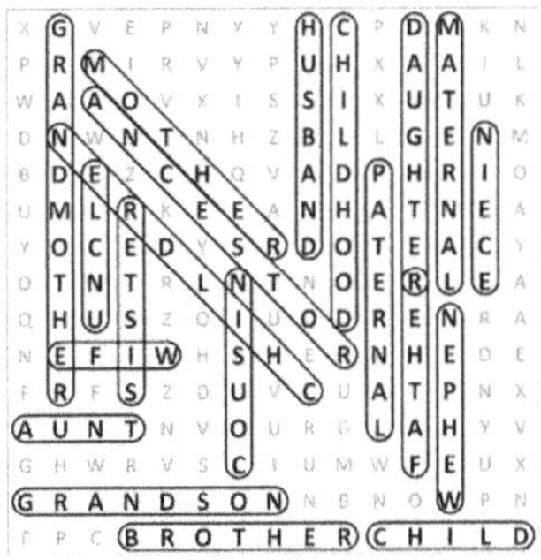

53 - Férias #2

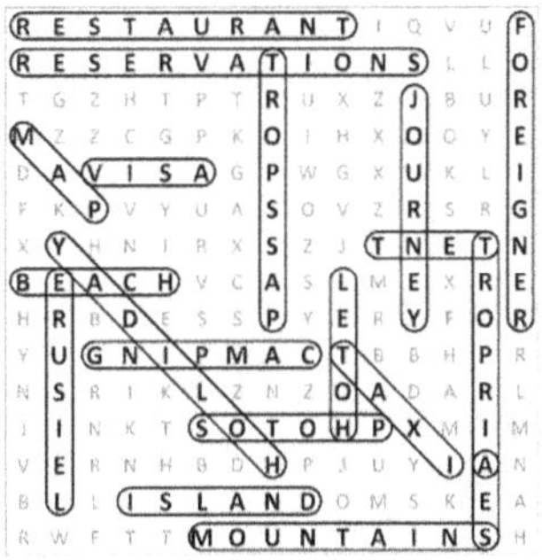

54 - Edifícios

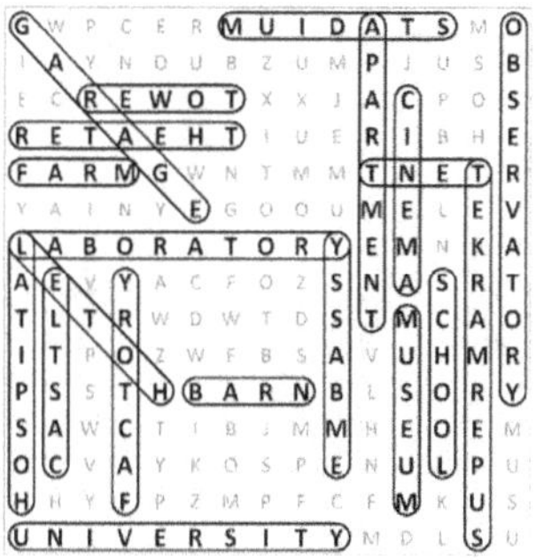

55 - Aventura

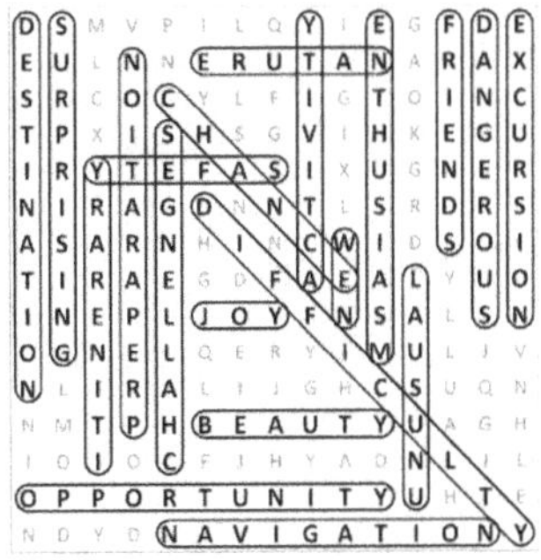

56 - Floresta Tropical

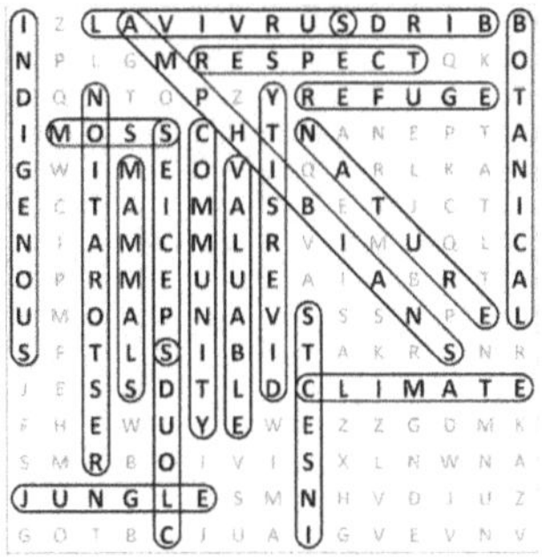

57 - Cidade

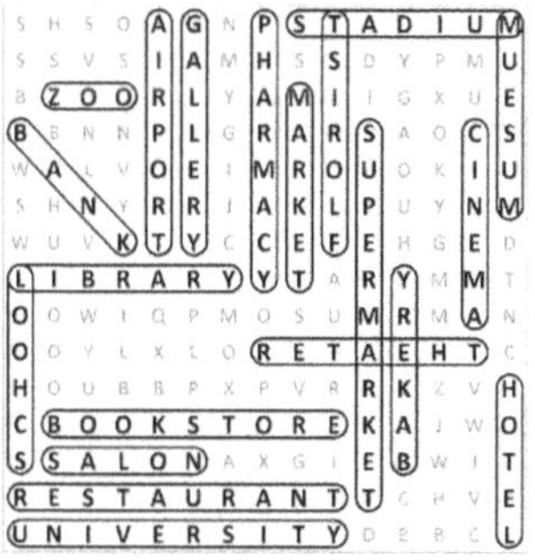

58 - Música

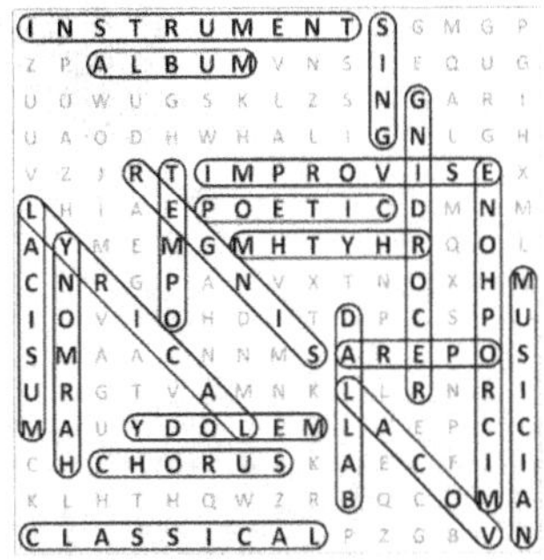

59 - Matemática

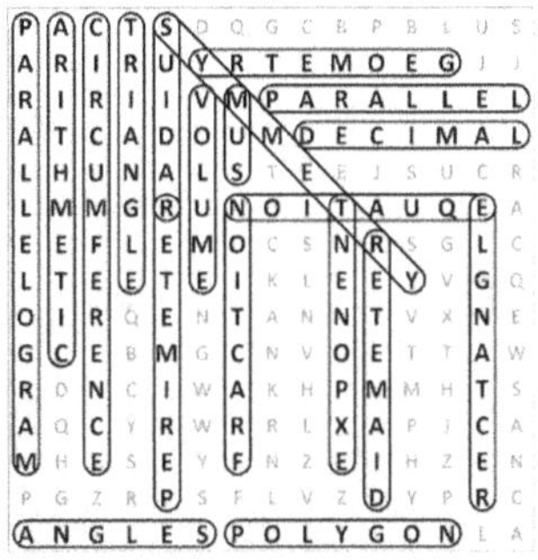

60 - Saúde e Bem Estar #1

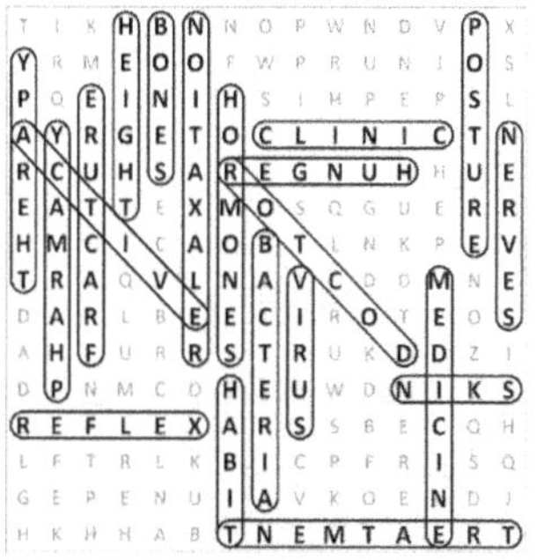

61 - Natureza

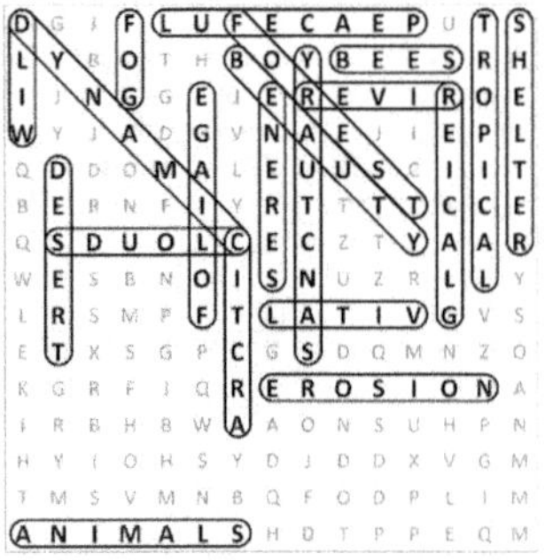

62 - A Empresa

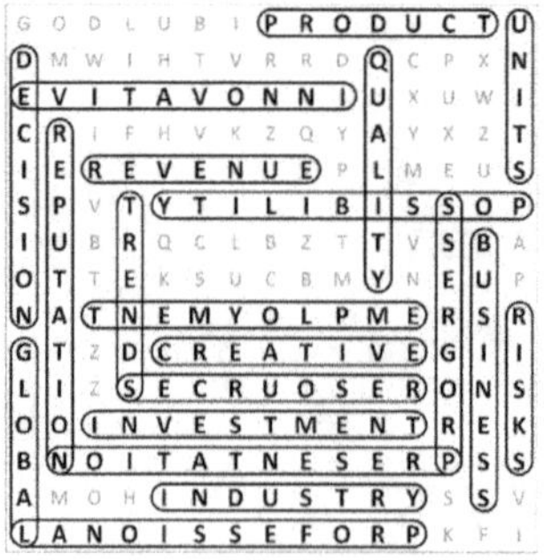

63 - Doença

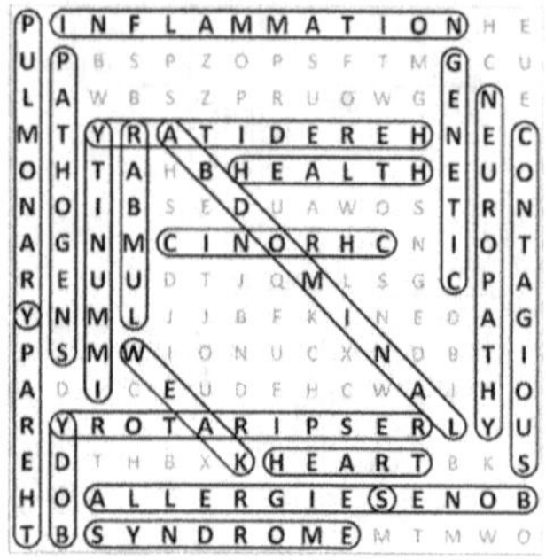

64 - Aquecimento Global

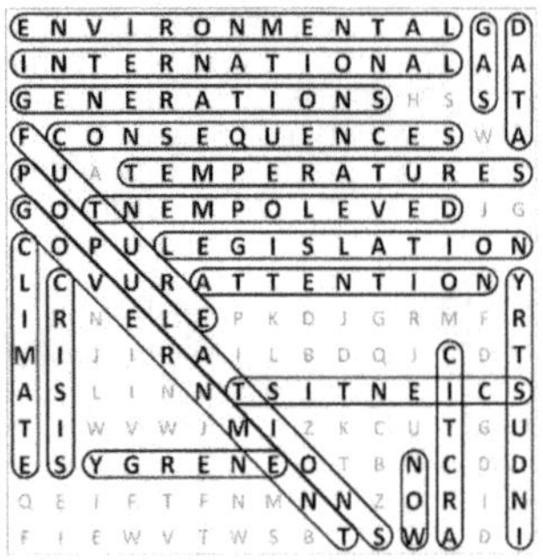

65 - Aviões

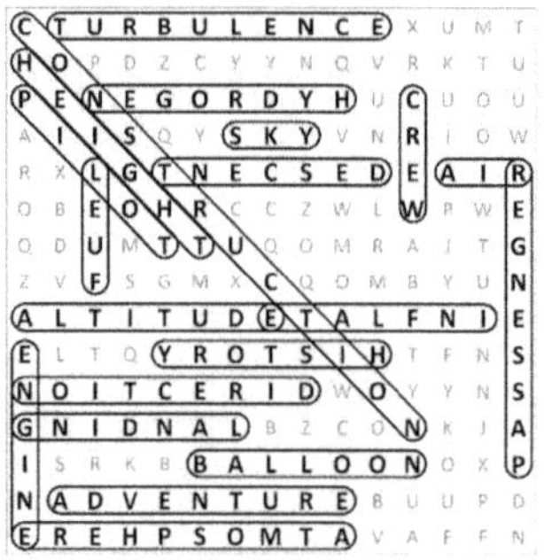

66 - Tipos de Cabelo

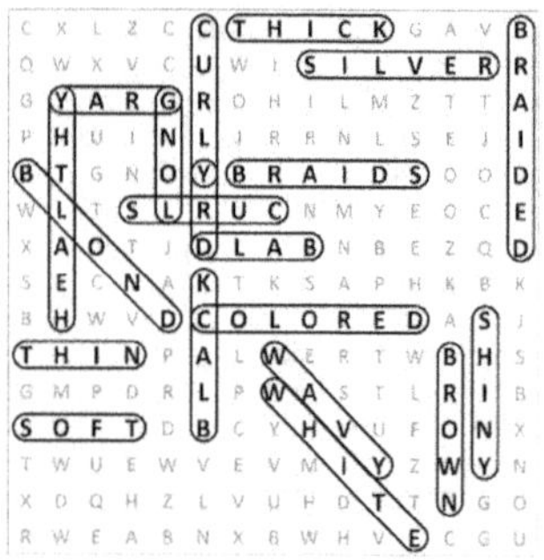

67 - Criatividade

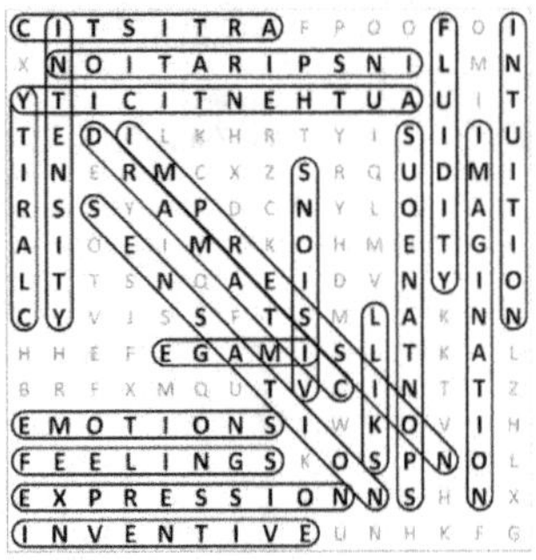

68 - Dias e Meses

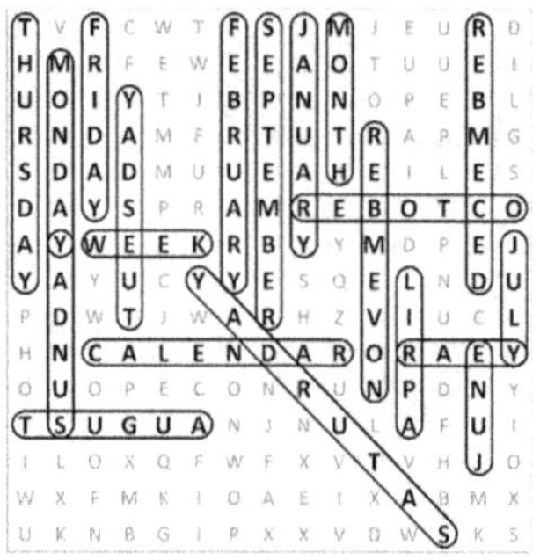

69 - Saúde e Bem Estar #2

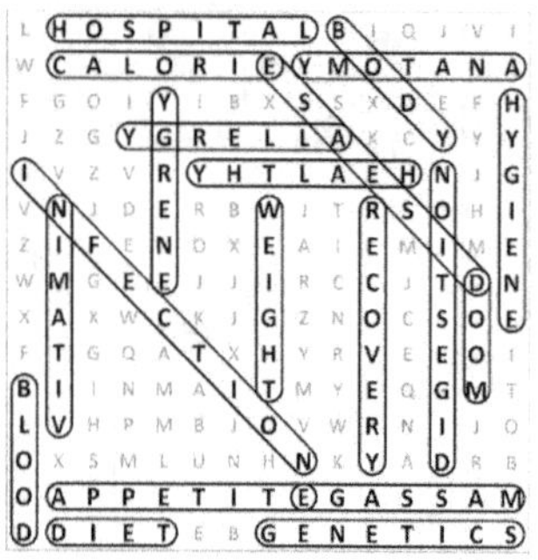

70 - Geografia

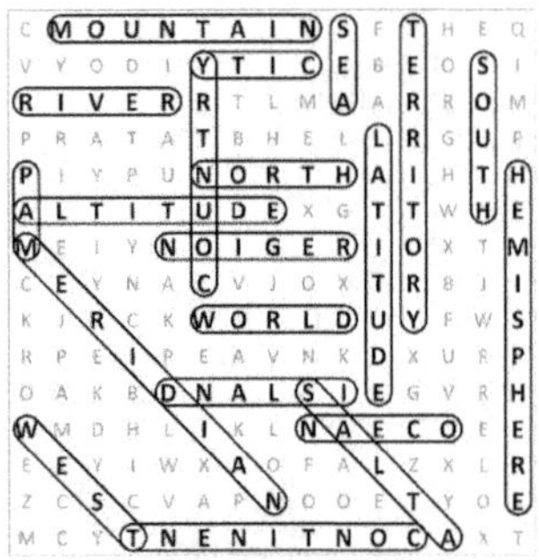

71 - Antártica

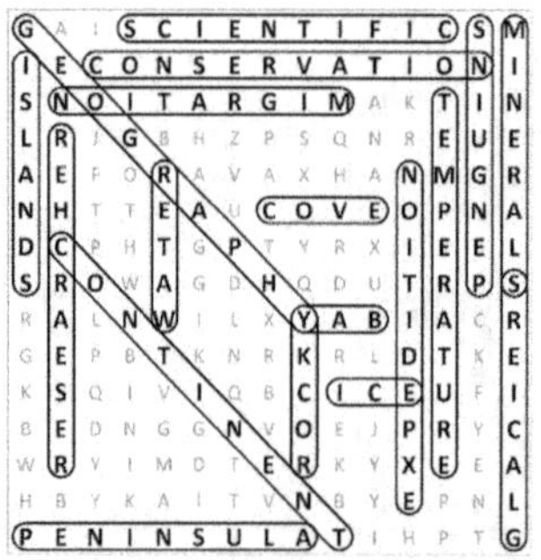

72 - Flores

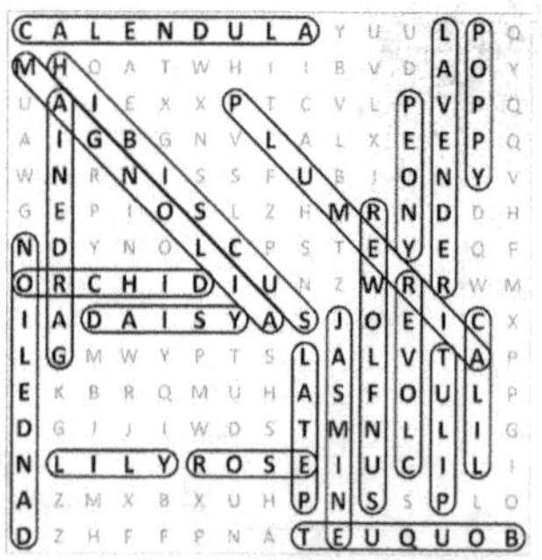

73 - Fazenda #1

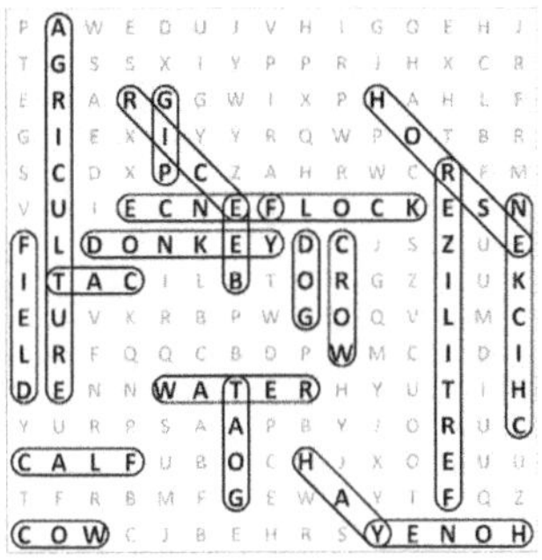

74 - Livros

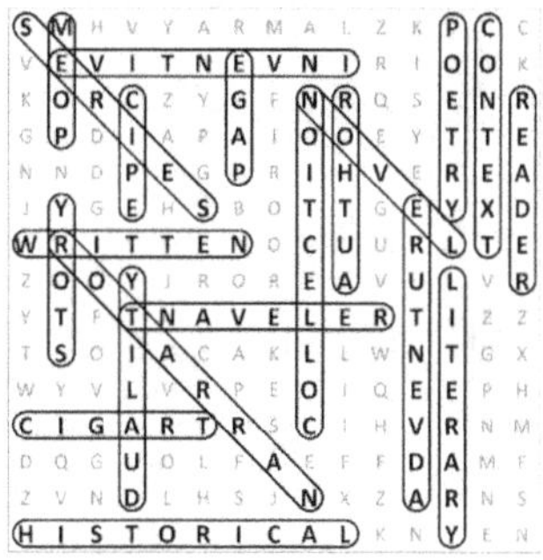

75 - Chocolate

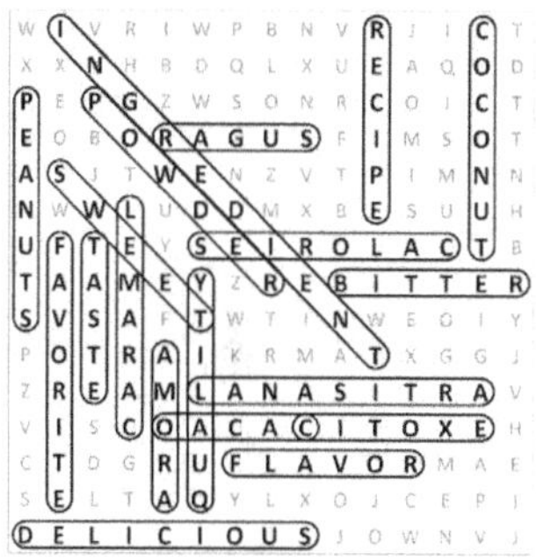

76 - Governo

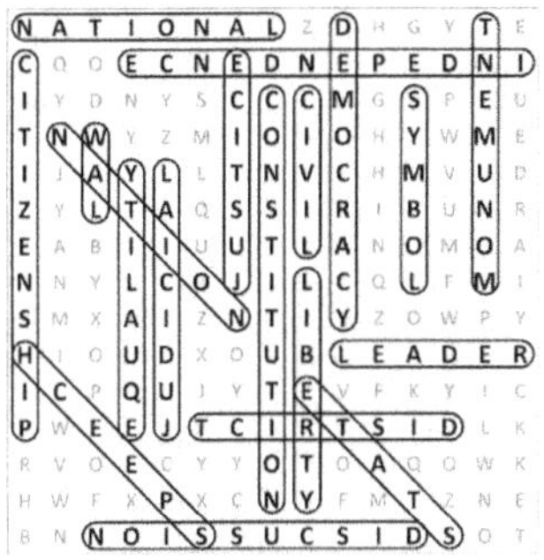

77 - Jardinagem

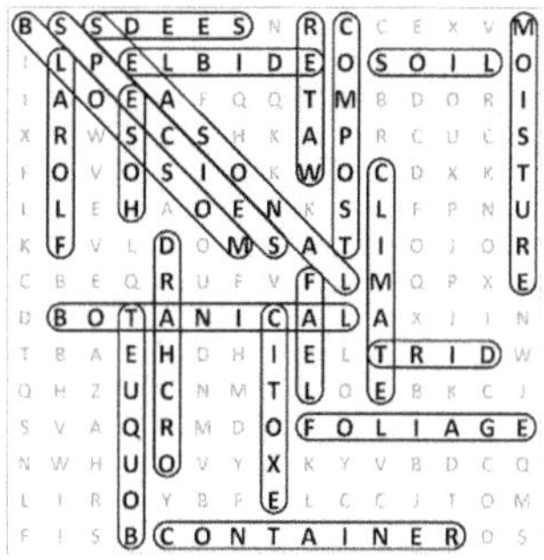

78 - Profissões #2

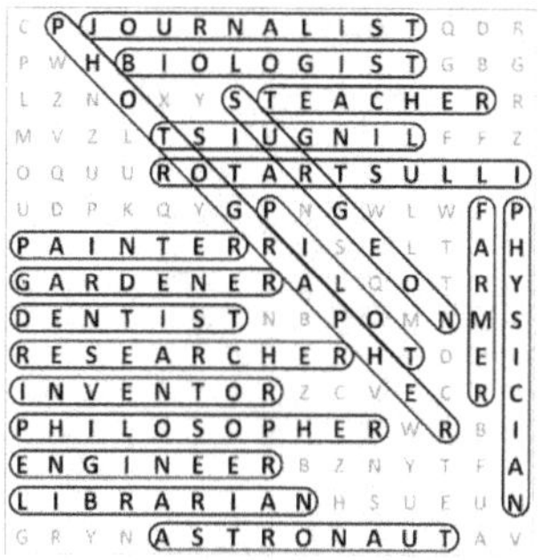

79 - Negócios

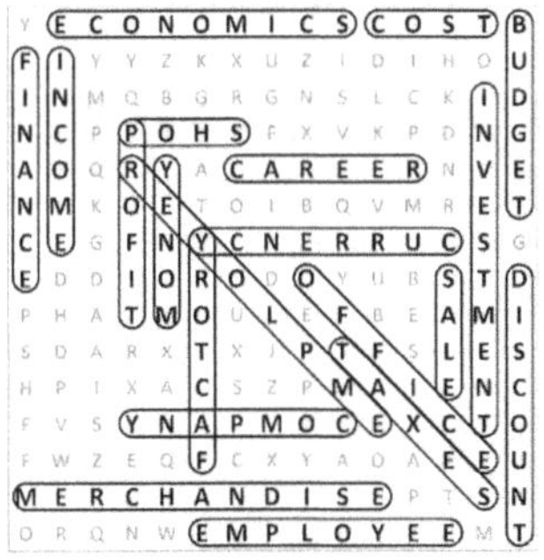

80 - Fazenda #2

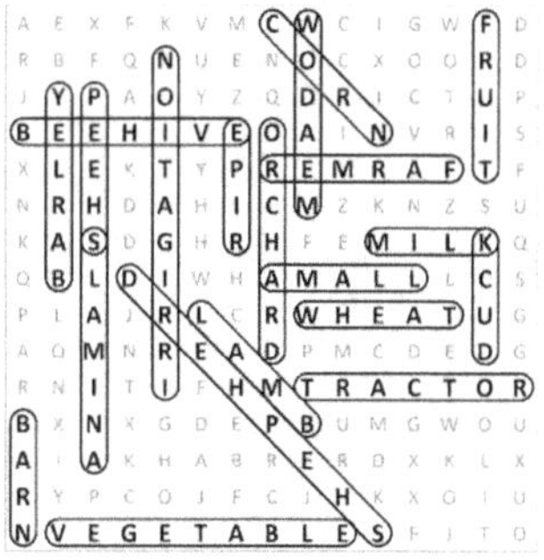

81 - Jardim

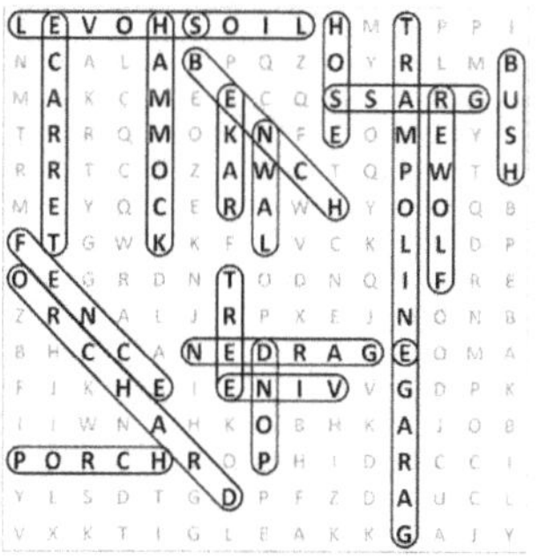

82 - Oceano

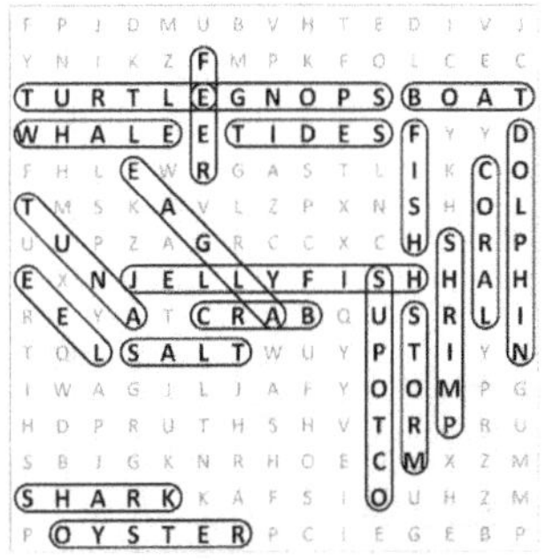

83 - Profissões #1

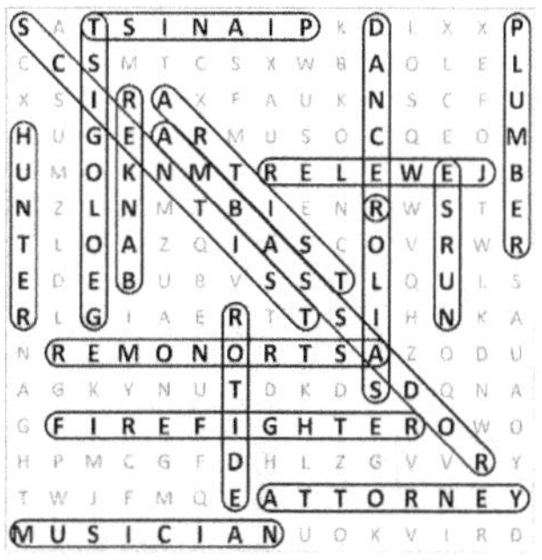

84 - Força e Gravidade

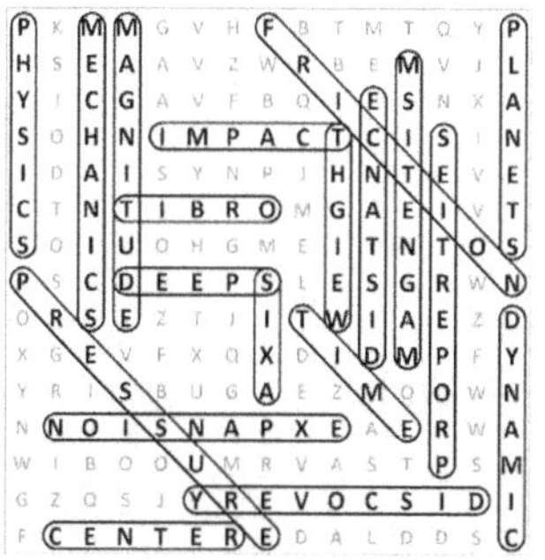

85 - Abelhas

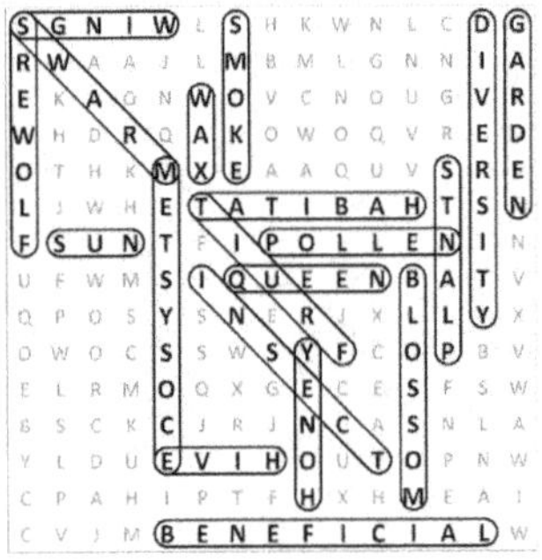

86 - Ciência

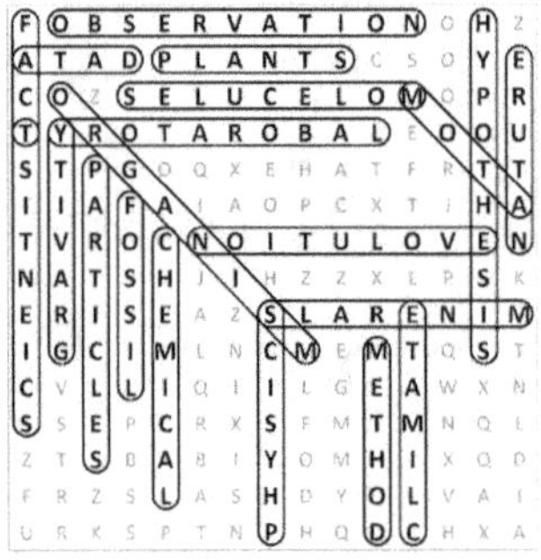

87 - Comida #1

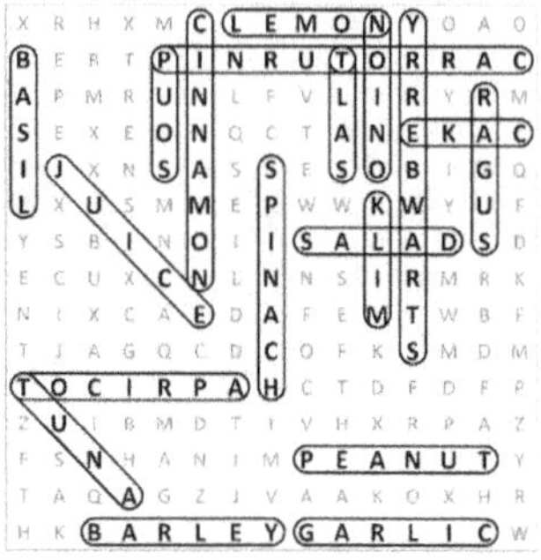

88 - Geometria

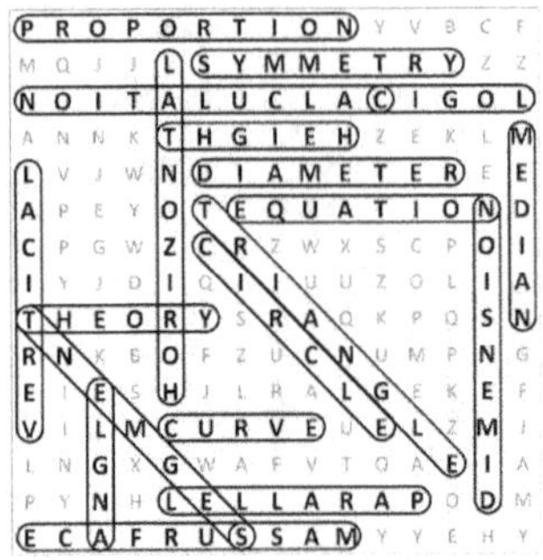

89 - Pássaros

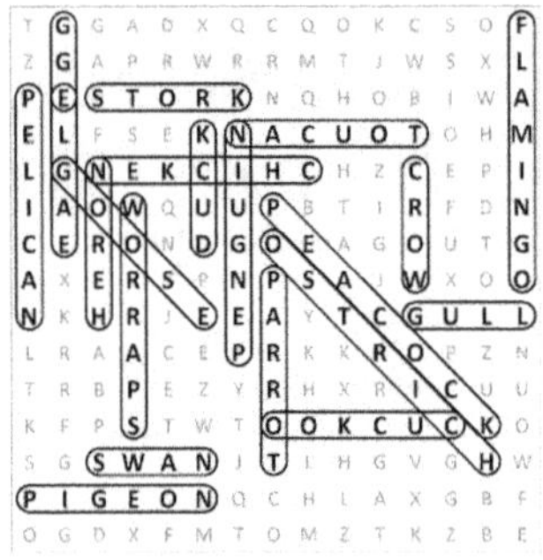

90 - Literatura

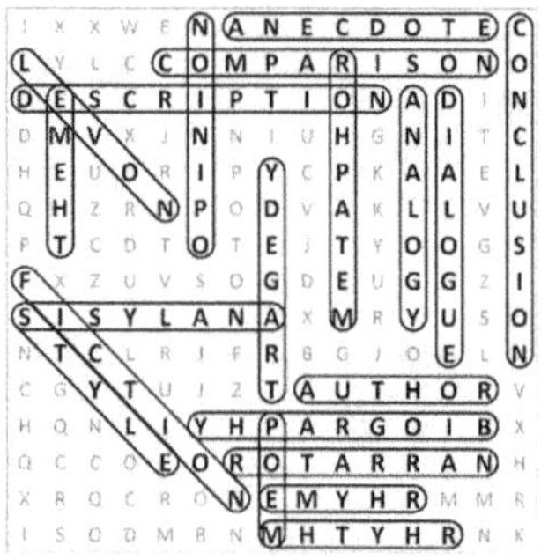

91 - Química

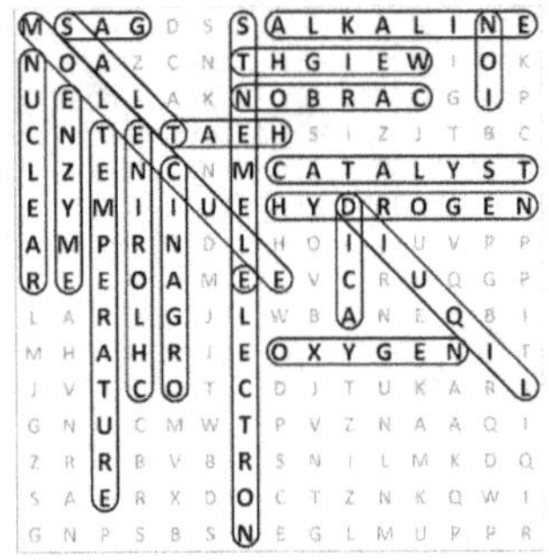

92 - Clima

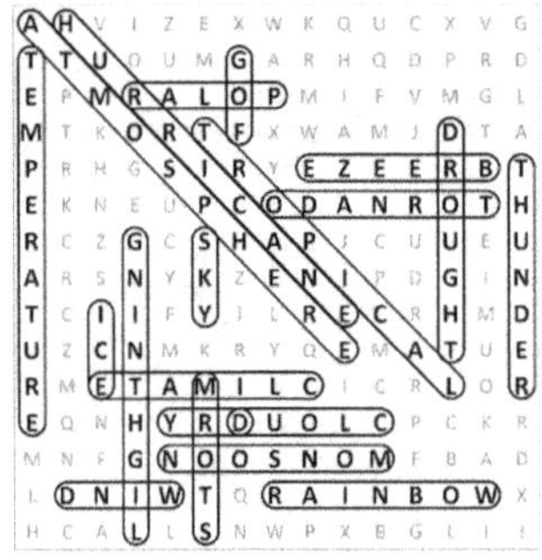

93 - Arte

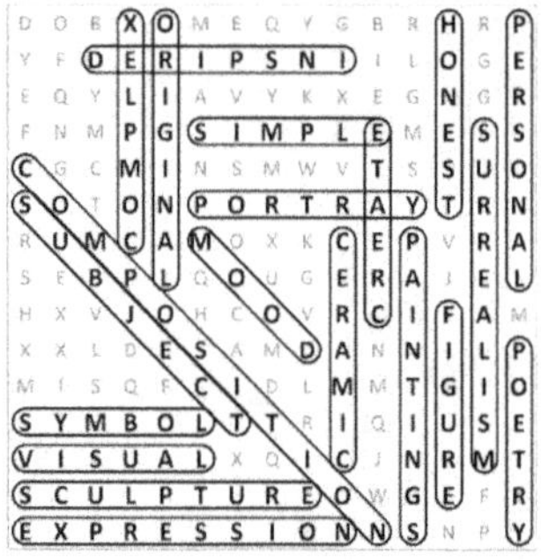

94 - Diplomacia

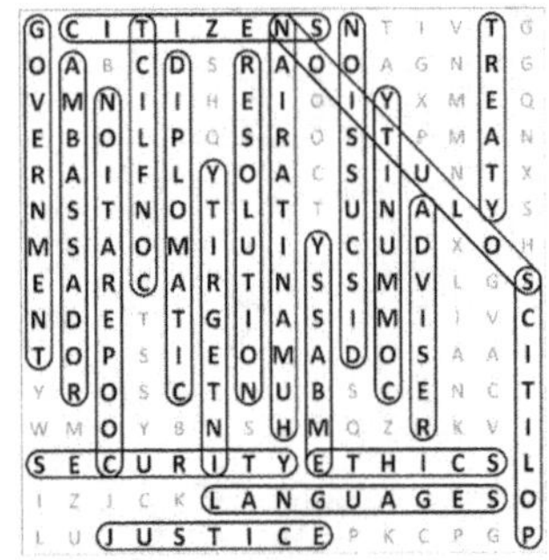

95 - Comida # 2

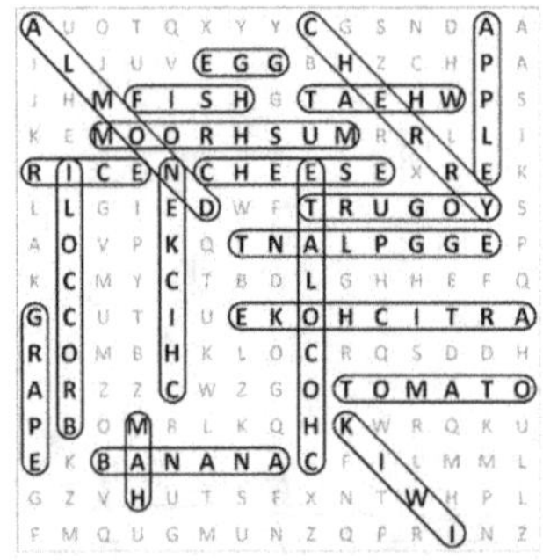

96 - Universo

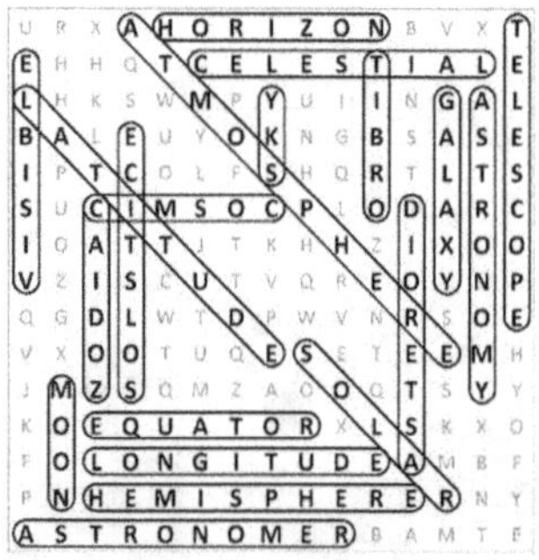

97 - Jazz

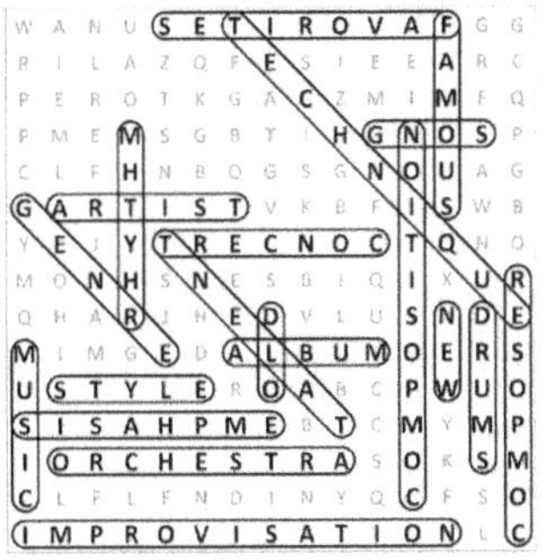

98 - Barcos

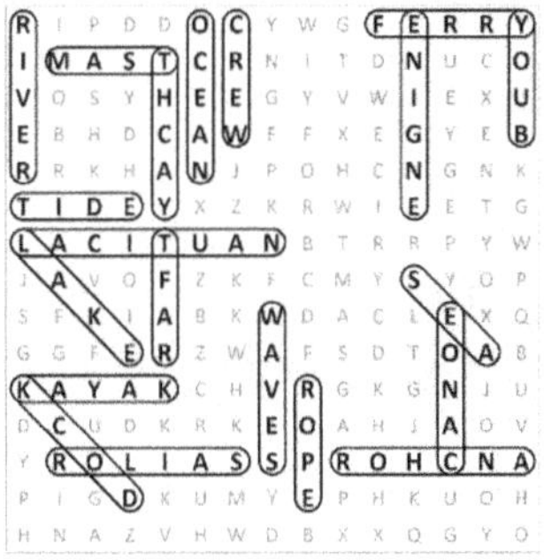

99 - Mamíferos

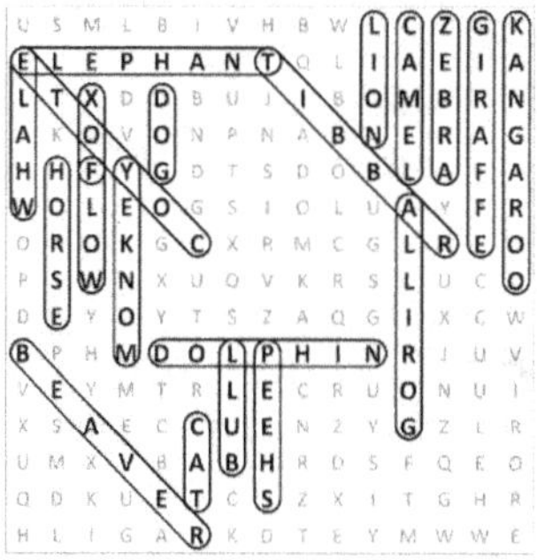

100 - Atividades e Lazer

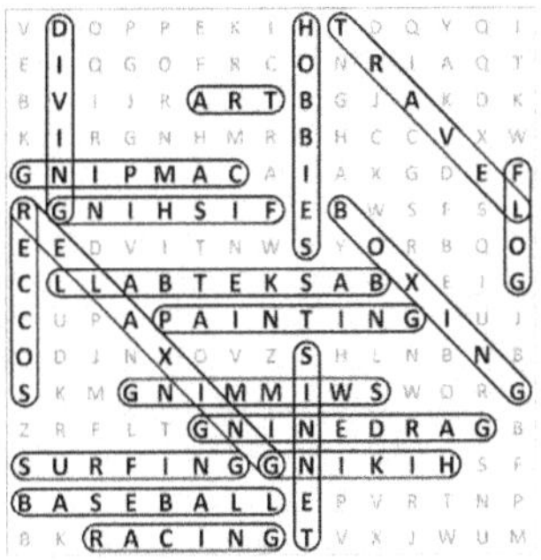

Dicionário

A Empresa
The Company

Apresentação	Presentation
Criativo	Creative
Decisão	Decision
Emprego	Employment
Global	Global
Indústria	Industry
Inovador	Innovative
Investimento	Investment
Negócio	Business
Possibilidade	Possibility
Produto	Product
Profissional	Professional
Progresso	Progress
Qualidade	Quality
Receita	Revenue
Recursos	Resources
Reputação	Reputation
Riscos	Risks
Tendências	Trends
Unidades	Units

A Mídia
The Media

Atitudes	Attitudes
Comercial	Commercial
Comunicação	Communication
Digital	Digital
Edição	Edition
Educação	Education
Fatos	Facts
Financiamento	Funding
Fotos	Photos
Individual	Individual
Indústria	Industry
Intelectual	Intellectual
Jornais	Newspapers
Local	Local
Online	Online
Opinião	Opinion
Público	Public
Rádio	Radio
Rede	Network
Televisão	Television

Abelhas
Bees

Asas	Wings
Benéfico	Beneficial
Cera	Wax
Colmeia	Hive
Diversidade	Diversity
Ecossistema	Ecosystem
Enxame	Swarm
Flor	Blossom
Flores	Flowers
Fruta	Fruit
Fumaça	Smoke
Habitat	Habitat
Inseto	Insect
Jardim	Garden
Mel	Honey
Plantas	Plants
Pólen	Pollen
Rainha	Queen
Sol	Sun

Acampamento
Camping

Animais	Animals
Aventura	Adventure
Árvores	Trees
Bússola	Compass
Cabine	Cabin
Caça	Hunting
Canoa	Canoe
Chapéu	Hat
Corda	Rope
Equipamento	Equipment
Floresta	Forest
Fogo	Fire
Inseto	Insect
Lago	Lake
Lua	Moon
Maca	Hammock
Mapa	Map
Montanha	Mountain
Natureza	Nature
Tenda	Tent

Adjetivos #1
Adjectives #1

Absoluto	Absolute
Aromático	Aromatic
Artístico	Artistic
Atraente	Attractive
Enorme	Huge
Escuro	Dark
Exótico	Exotic
Fino	Thin
Generoso	Generous
Grande	Large
Honesto	Honest
Idêntico	Identical
Importante	Important
Lento	Slow
Misterioso	Mysterious
Moderno	Modern
Perfeito	Perfect
Pesado	Heavy
Sério	Serious
Valioso	Valuable

Adjetivos #2
Adjectives #2

Autêntico	Authentic
Criativo	Creative
Descritivo	Descriptive
Dotado	Gifted
Elegante	Elegant
Famoso	Famous
Forte	Strong
Interessante	Interesting
Natural	Natural
Normal	Normal
Novo	New
Orgulhoso	Proud
Produtivo	Productive
Puro	Pure
Quente	Hot
Responsável	Responsible
Salgado	Salty
Saudável	Healthy
Seco	Dry
Selvagem	Wild

Agronomia
Agronomy

Agricultura	Agriculture
Ambiente	Environment
Água	Water
Ciência	Science
Crescimento	Growth
Doenças	Diseases
Ecologia	Ecology
Energia	Energy
Erosão	Erosion
Fertilizante	Fertilizer
Legumes	Vegetables
Orgânico	Organic
Plantas	Plants
Poluição	Pollution
Produção	Production
Rural	Rural
Sementes	Seeds
Sistemas	Systems
Solo	Soil
Sustentável	Sustainable

Antártica
Antarctica

Ambiente	Environment
Água	Water
Baía	Bay
Científico	Scientific
Conservação	Conservation
Continente	Continent
Enseada	Cove
Expedição	Expedition
Geleiras	Glaciers
Gelo	Ice
Geografia	Geography
Ilhas	Islands
Investigador	Researcher
Migração	Migration
Minerais	Minerals
Península	Peninsula
Pinguins	Penguins
Rochoso	Rocky
Temperatura	Temperature
Topografia	Topography

Antiguidades
Antiques

Arte	Art
Autêntico	Authentic
Decorativo	Decorative
Elegante	Elegant
Entusiasta	Enthusiast
Escultura	Sculpture
Estilo	Style
Galeria	Gallery
Incomum	Unusual
Investimento	Investment
Item	Item
Leilão	Auction
Mobiliário	Furniture
Moedas	Coins
Preço	Price
Qualidade	Quality
Restauração	Restoration
Século	Century
Valor	Value
Velho	Old

Aquecimento Global
Global Warming

Agora	Now
Ambiental	Environmental
Atenção	Attention
Ártico	Arctic
Cientista	Scientist
Clima	Climate
Consequências	Consequences
Crise	Crisis
Dados	Data
Desenvolvimento	Development
Energia	Energy
Futuro	Future
Gás	Gas
Gerações	Generations
Governo	Government
Indústria	Industry
Internacional	International
Legislação	Legislation
Populações	Populations
Temperaturas	Temperatures

Arqueologia
Archeology

Análise	Analysis
Anos	Years
Antiguidade	Antiquity
Avaliação	Evaluation
Civilização	Civilization
Descendente	Descendant
Desconhecido	Unknown
Equipe	Team
Era	Era
Especialista	Expert
Esquecido	Forgotten
Fóssil	Fossil
Investigador	Researcher
Mistério	Mystery
Objetos	Objects
Ossos	Bones
Professor	Professor
Relíquia	Relic
Templo	Temple
Túmulo	Tomb

Arte
Art

Cerâmica	Ceramic
Complexo	Complex
Composição	Composition
Criar	Create
Escultura	Sculpture
Expressão	Expression
Figura	Figure
Honesto	Honest
Humor	Mood
Inspirado	Inspired
Original	Original
Pessoal	Personal
Pinturas	Paintings
Poesia	Poetry
Retratar	Portray
Simples	Simple
Símbolo	Symbol
Sujeito	Subject
Surrealismo	Surrealism
Visual	Visual

Artes Visuais
Visual Arts

Argila	Clay
Arquitetura	Architecture
Artista	Artist
Caneta	Pen
Cavalete	Easel
Cera	Wax
Cerâmica	Ceramics
Composição	Composition
Criatividade	Creativity
Escultura	Sculpture
Estêncil	Stencil
Filme	Film
Fotografia	Photograph
Giz	Chalk
Lápis	Pencil
Obra-Prima	Masterpiece
Perspectiva	Perspective
Pintura	Painting
Retrato	Portrait
Verniz	Varnish

Astronomia
Astronomy

Asteróide	Asteroid
Astronauta	Astronaut
Astrônomo	Astronomer
Céu	Sky
Constelação	Constellation
Cosmos	Cosmos
Eclipse	Eclipse
Equinócio	Equinox
Foguete	Rocket
Gravidade	Gravity
Lua	Moon
Meteoro	Meteor
Nebulosa	Nebula
Observatório	Observatory
Planeta	Planet
Radiação	Radiation
Solar	Solar
Supernova	Supernova
Terra	Earth
Universo	Universe

Atividades e Lazer
Activities and Leisure

Acampamento	Camping
Arte	Art
Basquete	Basketball
Beisebol	Baseball
Boxe	Boxing
Caminhada	Hiking
Corrida	Racing
Futebol	Soccer
Golfe	Golf
Hobbies	Hobbies
Jardinagem	Gardening
Mergulho	Diving
Natação	Swimming
Pesca	Fishing
Pintura	Painting
Relaxante	Relaxing
Surfe	Surfing
Tênis	Tennis
Viagem	Travel
Voleibol	Volleyball

Aventura
Adventure

Alegria	Joy
Amigos	Friends
Atividade	Activity
Beleza	Beauty
Chance	Chance
Desafios	Challenges
Destino	Destination
Dificuldade	Difficulty
Entusiasmo	Enthusiasm
Excursão	Excursion
Incomum	Unusual
Itinerário	Itinerary
Natureza	Nature
Navegação	Navigation
Novo	New
Oportunidade	Opportunity
Perigoso	Dangerous
Preparação	Preparation
Segurança	Safety
Surpreendente	Surprising

Aviões
Airplanes

Altitude	Altitude
Altura	Height
Ar	Air
Aterrissagem	Landing
Atmosfera	Atmosphere
Aventura	Adventure
Balão	Balloon
Céu	Sky
Combustível	Fuel
Construção	Construction
Descida	Descent
Direção	Direction
Hidrogênio	Hydrogen
História	History
Inflar	Inflate
Motor	Engine
Passageiro	Passenger
Piloto	Pilot
Tripulação	Crew
Turbulência	Turbulence

Álgebra
Algebra

Diagrama	Diagram
Equação	Equation
Expoente	Exponent
Falso	False
Fator	Factor
Fórmula	Formula
Fração	Fraction
Infinito	Infinite
Linear	Linear
Matriz	Matrix
Número	Number
Parêntese	Parenthesis
Problema	Problem
Quantidade	Quantity
Simplificar	Simplify
Solução	Solution
Soma	Sum
Subtração	Subtraction
Variável	Variable
Zero	Zero

Balé
Ballet

Aplauso	Applause
Artístico	Artistic
Bailarina	Ballerina
Compositor	Composer
Coreografia	Choreography
Dançarinos	Dancers
Ensaio	Rehearsal
Estilo	Style
Expressivo	Expressive
Gesto	Gesture
Gracioso	Graceful
Habilidade	Skill
Intensidade	Intensity
Música	Music
Orquestra	Orchestra
Prática	Practice
Público	Audience
Ritmo	Rhythm
Solo	Solo
Técnica	Technique

Barcos
Boats

Âncora	Anchor
Balsa	Ferry
Bóia	Buoy
Caiaque	Kayak
Canoa	Canoe
Corda	Rope
Doca	Dock
Iate	Yacht
Jangada	Raft
Lago	Lake
Mar	Sea
Maré	Tide
Marinheiro	Sailor
Mastro	Mast
Motor	Engine
Náutico	Nautical
Oceano	Ocean
Ondas	Waves
Rio	River
Tripulação	Crew

Beleza
Beauty

Batom	Lipstick
Cachos	Curls
Charme	Charm
Cor	Color
Cosméticos	Cosmetics
Elegante	Elegant
Elegância	Elegance
Espelho	Mirror
Estilista	Stylist
Fotogênico	Photogenic
Fragrância	Fragrance
Graça	Grace
Maquiagem	Makeup
Óleos	Oils
Pele	Skin
Produtos	Products
Rímel	Mascara
Serviços	Services
Tesoura	Scissors
Xampu	Shampoo

Biologia
Biology

Anatomia	Anatomy
Bactérias	Bacteria
Célula	Cell
Colagénio	Collagen
Cromossoma	Chromosome
Embrião	Embryo
Enzima	Enzyme
Evolução	Evolution
Hormona	Hormone
Mamífero	Mammal
Mutação	Mutation
Natural	Natural
Nervo	Nerve
Neurônio	Neuron
Osmose	Osmosis
Plantas	Plants
Proteína	Protein
Réptil	Reptile
Simbiose	Symbiosis
Sinapse	Synapse

Caminhada
Hiking

Acampamento	Camping
Animais	Animals
Água	Water
Botas	Boots
Cansado	Tired
Clima	Climate
Guias	Guides
Mapa	Map
Montanha	Mountain
Natureza	Nature
Orientação	Orientation
Parques	Parks
Pedras	Stones
Penhasco	Cliff
Perigos	Hazards
Pesado	Heavy
Preparação	Preparation
Selvagem	Wild
Sol	Sun
Tempo	Weather

Casa
House

Biblioteca	Library
Cerca	Fence
Chaves	Keys
Chuveiro	Shower
Cortinas	Curtains
Cozinha	Kitchen
Espelho	Mirror
Garagem	Garage
Janela	Window
Jardim	Garden
Lareira	Fireplace
Mobiliário	Furniture
Parede	Wall
Porta	Door
Quarto	Room
Sótão	Attic
Tapete	Rug
Teto	Ceiling
Torneira	Faucet
Vassoura	Broom

Chocolate
Chocolate

Açúcar	Sugar
Amargo	Bitter
Amendoins	Peanuts
Antioxidante	Antioxidant
Aroma	Aroma
Artesanal	Artisanal
Cacau	Cacao
Calorias	Calories
Caramelo	Caramel
Coco	Coconut
Delicioso	Delicious
Doce	Sweet
Exótico	Exotic
Favorito	Favorite
Gosto	Taste
Ingrediente	Ingredient
Pó	Powder
Qualidade	Quality
Receita	Recipe
Sabor	Flavor

Churrascos
Barbecues

Almoço	Lunch
Convite	Invitation
Crianças	Children
Facas	Knives
Família	Family
Fome	Hunger
Frango	Chicken
Fruta	Fruit
Grelha	Grill
Jantar	Dinner
Jogos	Games
Legumes	Vegetables
Molho	Sauce
Música	Music
Pimenta	Pepper
Quente	Hot
Sal	Salt
Saladas	Salads
Tomates	Tomatoes
Verão	Summer

Cidade
Town

Aeroporto	Airport
Banco	Bank
Biblioteca	Library
Cinema	Cinema
Escola	School
Estádio	Stadium
Farmácia	Pharmacy
Florista	Florist
Galeria	Gallery
Hotel	Hotel
Jardim Zoológico	Zoo
Livraria	Bookstore
Mercado	Market
Museu	Museum
Padaria	Bakery
Restaurante	Restaurant
Salão	Salon
Supermercado	Supermarket
Teatro	Theater
Universidade	University

Ciência
Science

Átomo	Atom
Cientista	Scientist
Clima	Climate
Dados	Data
Evolução	Evolution
Fato	Fact
Física	Physics
Fóssil	Fossil
Gravidade	Gravity
Hipótese	Hypothesis
Laboratório	Laboratory
Método	Method
Minerais	Minerals
Moléculas	Molecules
Natureza	Nature
Observação	Observation
Organismo	Organism
Partículas	Particles
Plantas	Plants
Químico	Chemical

Clima
Weather

Arco-Íris	Rainbow
Atmosfera	Atmosphere
Brisa	Breeze
Céu	Sky
Clima	Climate
Furacão	Hurricane
Gelo	Ice
Monção	Monsoon
Nevoeiro	Fog
Nuvem	Cloud
Polar	Polar
Relâmpago	Lightning
Seca	Drought
Seco	Dry
Temperatura	Temperature
Tempestade	Storm
Tornado	Tornado
Tropical	Tropical
Trovão	Thunder
Vento	Wind

Comida # 2
Food #2

Alcachofra	Artichoke
Amêndoa	Almond
Arroz	Rice
Banana	Banana
Beringela	Eggplant
Brócolis	Broccoli
Cereja	Cherry
Chocolate	Chocolate
Cogumelo	Mushroom
Frango	Chicken
Iogurte	Yogurt
Kiwi	Kiwi
Maçã	Apple
Ovo	Egg
Peixe	Fish
Presunto	Ham
Queijo	Cheese
Tomate	Tomato
Trigo	Wheat
Uva	Grape

Comida #1
Food #1

Açúcar	Sugar
Alho	Garlic
Amendoim	Peanut
Atum	Tuna
Bolo	Cake
Canela	Cinnamon
Cebola	Onion
Cenoura	Carrot
Cevada	Barley
Damasco	Apricot
Espinafre	Spinach
Leite	Milk
Limão	Lemon
Manjericão	Basil
Morango	Strawberry
Nabo	Turnip
Sal	Salt
Salada	Salad
Sopa	Soup
Suco	Juice

Corpo Humano
Human Body

Boca	Mouth
Cabeça	Head
Cérebro	Brain
Coração	Heart
Cotovelo	Elbow
Dedo	Finger
Joelho	Knee
Mandíbula	Jaw
Mão	Hand
Nariz	Nose
Olho	Eye
Ombro	Shoulder
Orelha	Ear
Pele	Skin
Perna	Leg
Pescoço	Neck
Queixo	Chin
Sangue	Blood
Testa	Forehead
Tornozelo	Ankle

Cozinha
Kitchen

Avental	Apron
Chaleira	Kettle
Colheres	Spoons
Comer	To Eat
Concha	Ladle
Cups	Cups
Especiarias	Spices
Esponja	Sponge
Facas	Knives
Forno	Oven
Freezer	Freezer
Garfos	Forks
Geladeira	Refrigerator
Grelha	Grill
Guardanapo	Napkin
Jar	Jar
Jarro	Jug
Pauzinhos	Chopsticks
Receita	Recipe
Tigela	Bowl

Criatividade
Creativity

Artístico	Artistic
Autenticidade	Authenticity
Clareza	Clarity
Dramático	Dramatic
Emoções	Emotions
Espontânea	Spontaneous
Expressão	Expression
Fluidez	Fluidity
Habilidade	Skill
Imagem	Image
Imaginação	Imagination
Impressão	Impression
Inspiração	Inspiration
Intensidade	Intensity
Intuição	Intuition
Inventivo	Inventive
Sensação	Sensation
Sentimentos	Feelings
Visões	Visions
Vitalidade	Vitality

Dança
Dance

Academia	Academy
Alegre	Joyful
Arte	Art
Clássico	Classical
Coreografia	Choreography
Corpo	Body
Cultura	Culture
Cultural	Cultural
Emoção	Emotion
Ensaio	Rehearsal
Expressivo	Expressive
Graça	Grace
Movimento	Movement
Música	Music
Parceiro	Partner
Postura	Posture
Ritmo	Rhythm
Saltar	Jump
Tradicional	Traditional
Visual	Visual

Dias e Meses
Days and Months

Abril	April
Agosto	August
Ano	Year
Calendário	Calendar
Dezembro	December
Domingo	Sunday
Fevereiro	February
Janeiro	January
Julho	July
Junho	June
Mês	Month
Novembro	November
Outubro	October
Quinta-Feira	Thursday
Sábado	Saturday
Segunda-Feira	Monday
Semana	Week
Setembro	September
Sexta-Feira	Friday
Terça	Tuesday

Diplomacia
Diplomacy

Cidadãos	Citizens
Comunidade	Community
Conflito	Conflict
Consultor	Adviser
Cooperação	Cooperation
Diplomático	Diplomatic
Discussão	Discussion
Embaixada	Embassy
Embaixador	Ambassador
Ética	Ethics
Governo	Government
Humanitário	Humanitarian
Integridade	Integrity
Justiça	Justice
Línguas	Languages
Política	Politics
Resolução	Resolution
Segurança	Security
Solução	Solution
Tratado	Treaty

Dirigindo
Driving

Acidente	Accident
Caminhão	Truck
Carro	Car
Combustível	Fuel
Cuidado	Caution
Estrada	Road
Freios	Brakes
Garagem	Garage
Gás	Gas
Licença	License
Mapa	Map
Motocicleta	Motorcycle
Motor	Motor
Pedestre	Pedestrian
Perigo	Danger
Polícia	Police
Rua	Street
Segurança	Safety
Tráfego	Traffic
Túnel	Tunnel

Disciplinas Científicas
Scientific Disciplines

Anatomia	Anatomy
Arqueologia	Archaeology
Astronomia	Astronomy
Biologia	Biology
Bioquímica	Biochemistry
Botânica	Botany
Cinesiologia	Kinesiology
Ecologia	Ecology
Fisiologia	Physiology
Geologia	Geology
Imunologia	Immunology
Linguística	Linguistics
Mecânica	Mechanics
Meteorologia	Meteorology
Mineralogia	Mineralogy
Neurologia	Neurology
Psicologia	Psychology
Química	Chemistry
Sociologia	Sociology
Zoologia	Zoology

Doença
Disease

Abdominal	Abdominal
Alergias	Allergies
Contagioso	Contagious
Coração	Heart
Corpo	Body
Crônica	Chronic
Fraco	Weak
Genético	Genetic
Hereditário	Hereditary
Imunidade	Immunity
Inflamação	Inflammation
Lombar	Lumbar
Neuropatia	Neuropathy
Ossos	Bones
Patógenos	Pathogens
Pulmonar	Pulmonary
Respiratório	Respiratory
Saúde	Health
Síndrome	Syndrome
Terapia	Therapy

Ecologia
Ecology

Clima	Climate
Comunidades	Communities
Diversidade	Diversity
Fauna	Fauna
Flora	Flora
Global	Global
Habitat	Habitat
Marinho	Marine
Montanhas	Mountains
Natural	Natural
Natureza	Nature
Pântano	Marsh
Plantas	Plants
Recursos	Resources
Seca	Drought
Sobrevivência	Survival
Sustentável	Sustainable
Variedade	Variety
Vegetação	Vegetation
Voluntários	Volunteers

Edifícios
Buildings

Apartamento	Apartment
Castelo	Castle
Celeiro	Barn
Cinema	Cinema
Embaixada	Embassy
Escola	School
Estádio	Stadium
Fazenda	Farm
Fábrica	Factory
Garagem	Garage
Hospital	Hospital
Hotel	Hotel
Laboratório	Laboratory
Museu	Museum
Observatório	Observatory
Supermercado	Supermarket
Teatro	Theater
Tenda	Tent
Torre	Tower
Universidade	University

Energia
Energy

Ambiente	Environment
Bateria	Battery
Calor	Heat
Carbono	Carbon
Combustível	Fuel
Diesel	Diesel
Elétrico	Electric
Elétron	Electron
Entropia	Entropy
Fóton	Photon
Gasolina	Gasoline
Hidrogênio	Hydrogen
Indústria	Industry
Motor	Motor
Nuclear	Nuclear
Poluição	Pollution
Renovável	Renewable
Sol	Sun
Turbina	Turbine
Vento	Wind

Engenharia
Engineering

Atrito	Friction
Ângulo	Angle
Cálculo	Calculation
Construção	Construction
Diagrama	Diagram
Diâmetro	Diameter
Diesel	Diesel
Dimensões	Dimensions
Distribuição	Distribution
Eixo	Axis
Energia	Energy
Estabilidade	Stability
Estrutura	Structure
Força	Strength
Líquido	Liquid
Máquina	Machine
Medição	Measurement
Motor	Motor
Profundidade	Depth
Propulsão	Propulsion

Especiarias
Spices

Açafrão	Saffron
Alcaçuz	Licorice
Alho	Garlic
Amargo	Bitter
Anis	Anise
Azedo	Sour
Baunilha	Vanilla
Canela	Cinnamon
Cardamomo	Cardamom
Caril	Curry
Cebola	Onion
Coentro	Coriander
Cominho	Cumin
Doce	Sweet
Funcho	Fennel
Gengibre	Ginger
Noz-Moscada	Nutmeg
Pimenta	Pepper
Sabor	Flavor
Sal	Salt

Esporte
Sport

Alongamento	Stretching
Atleta	Athlete
Capacidade	Ability
Ciclismo	Cycling
Corpo	Body
Dançando	Dancing
Dieta	Diet
Esportes	Sports
Força	Strength
Jogging	Jogging
Maximizar	Maximize
Metabólico	Metabolic
Músculos	Muscles
Nutrição	Nutrition
Objetivo	Goal
Ossos	Bones
Programa	Program
Resistência	Endurance
Saúde	Health
Treinador	Coach

Ética
Ethics

Altruísmo	Altruism
Bondade	Kindness
Compaixão	Compassion
Cooperação	Cooperation
Dignidade	Dignity
Diplomático	Diplomatic
Filosofia	Philosophy
Honestidade	Honesty
Humanidade	Humanity
Individualismo	Individualism
Integridade	Integrity
Otimismo	Optimism
Paciência	Patience
Racionalidade	Rationality
Razoável	Reasonable
Realismo	Realism
Respeitoso	Respectful
Sabedoria	Wisdom
Tolerância	Tolerance
Valores	Values

Família
Family

Antepassado	Ancestor
Avó	Grandmother
Criança	Child
Crianças	Children
Esposa	Wife
Filha	Daughter
Infância	Childhood
Irmã	Sister
Irmão	Brother
Marido	Husband
Materno	Maternal
Mãe	Mother
Neto	Grandson
Pai	Father
Paterno	Paternal
Primo	Cousin
Sobrinha	Niece
Sobrinho	Nephew
Tia	Aunt
Tio	Uncle

Fazenda #1
Farm #1

Abelha	Bee
Agricultura	Agriculture
Arroz	Rice
Água	Water
Bezerro	Calf
Burro	Donkey
Cabra	Goat
Campo	Field
Cavalo	Horse
Cão	Dog
Cerca	Fence
Corvo	Crow
Feno	Hay
Fertilizante	Fertilizer
Frango	Chicken
Gato	Cat
Mel	Honey
Porco	Pig
Rebanho	Flock
Vaca	Cow

Fazenda #2
Farm #2

Agricultor	Farmer
Animais	Animals
Celeiro	Barn
Cevada	Barley
Colmeia	Beehive
Cordeiro	Lamb
Fruta	Fruit
Irrigação	Irrigation
Leite	Milk
Lhama	Llama
Maduro	Ripe
Milho	Corn
Ovelha	Sheep
Pastor	Shepherd
Pato	Duck
Pomar	Orchard
Prado	Meadow
Trator	Tractor
Trigo	Wheat
Vegetal	Vegetable

Férias #2
Vacation #2

Acampamento	Camping
Aeroporto	Airport
Destino	Destination
Estrangeiro	Foreigner
Feriado	Holiday
Fotos	Photos
Hotel	Hotel
Ilha	Island
Lazer	Leisure
Mapa	Map
Mar	Sea
Montanhas	Mountains
Passaporte	Passport
Praia	Beach
Reservas	Reservations
Restaurante	Restaurant
Táxi	Taxi
Tenda	Tent
Viagem	Journey
Visto	Visa

Ficção Científica
Science Fiction

Atómico	Atomic
Cinema	Cinema
Distante	Distant
Distopia	Dystopia
Explosão	Explosion
Extremo	Extreme
Fantástico	Fantastic
Fogo	Fire
Futurista	Futuristic
Galáxia	Galaxy
Ilusão	Illusion
Imaginário	Imaginary
Livros	Books
Misterioso	Mysterious
Mundo	World
Oráculo	Oracle
Planeta	Planet
Robôs	Robots
Tecnologia	Technology
Utopia	Utopia

Filantropia
Philanthropy

Caridade	Charity
Comunidade	Community
Contatos	Contacts
Crianças	Children
Desafios	Challenges
Finança	Finance
Fundos	Funds
Generosidade	Generosity
Global	Global
Grupos	Groups
História	History
Honestidade	Honesty
Humanidade	Humanity
Juventude	Youth
Missão	Mission
Necessidade	Need
Objetivos	Goals
Pessoas	People
Programas	Programs
Público	Public

Física
Physics

Aceleração	Acceleration
Átomo	Atom
Caos	Chaos
Densidade	Density
Elétron	Electron
Fórmula	Formula
Frequência	Frequency
Gás	Gas
Gravidade	Gravity
Magnetismo	Magnetism
Massa	Mass
Mecânica	Mechanics
Molécula	Molecule
Motor	Engine
Nuclear	Nuclear
Partícula	Particle
Químico	Chemical
Relatividade	Relativity
Universal	Universal
Velocidade	Velocity

Flores
Flowers

Buquê	Bouquet
Calêndula	Calendula
Dente-De-Leão	Dandelion
Gardênia	Gardenia
Girassol	Sunflower
Hibisco	Hibiscus
Jasmim	Jasmine
Lavanda	Lavender
Lilás	Lilac
Lírio	Lily
Magnólia	Magnolia
Margarida	Daisy
Orquídea	Orchid
Papoula	Poppy
Peônia	Peony
Pétala	Petal
Plumeria	Plumeria
Rosa	Rose
Trevo	Clover
Tulipa	Tulip

Floresta Tropical
Rainforest

Anfíbios	Amphibians
Botânico	Botanical
Clima	Climate
Comunidade	Community
Diversidade	Diversity
Espécies	Species
Indígena	Indigenous
Insetos	Insects
Mamíferos	Mammals
Musgo	Moss
Natureza	Nature
Nuvens	Clouds
Pássaros	Birds
Preservação	Preservation
Refúgio	Refuge
Respeito	Respect
Restauração	Restoration
Selva	Jungle
Sobrevivência	Survival
Valioso	Valuable

Força e Gravidade
Force and Gravity

Atrito	Friction
Centro	Center
Descoberta	Discovery
Dinâmico	Dynamic
Distância	Distance
Eixo	Axis
Expansão	Expansion
Física	Physics
Impacto	Impact
Magnetismo	Magnetism
Magnitude	Magnitude
Mecânica	Mechanics
Órbita	Orbit
Peso	Weight
Planetas	Planets
Pressão	Pressure
Propriedades	Properties
Rapidez	Speed
Tempo	Time
Universal	Universal

Frutas
Fruit

Abacate	Avocado
Abacaxi	Pineapple
Amora	Blackberry
Baga	Berry
Banana	Banana
Cereja	Cherry
Coco	Coconut
Damasco	Apricot
Figo	Fig
Framboesa	Raspberry
Kiwi	Kiwi
Laranja	Orange
Limão	Lemon
Maçã	Apple
Mamão	Papaya
Manga	Mango
Nectarina	Nectarine
Pera	Pear
Pêssego	Peach
Uva	Grape

Geografia
Geography

Altitude	Altitude
Atlas	Atlas
Cidade	City
Continente	Continent
Hemisfério	Hemisphere
Ilha	Island
Latitude	Latitude
Mapa	Map
Mar	Sea
Meridiano	Meridian
Montanha	Mountain
Mundo	World
Norte	North
Oceano	Ocean
Oeste	West
País	Country
Região	Region
Rio	River
Sul	South
Território	Territory

Geologia
Geology

Ácido	Acid
Camada	Layer
Caverna	Cavern
Cálcio	Calcium
Continente	Continent
Coral	Coral
Cristais	Crystals
Erosão	Erosion
Estalactite	Stalactite
Estalagmites	Stalagmites
Fóssil	Fossil
Lava	Lava
Minerais	Minerals
Pedra	Stone
Platô	Plateau
Quartzo	Quartz
Sal	Salt
Terremoto	Earthquake
Vulcão	Volcano
Zona	Zone

Geometria
Geometry

Altura	Height
Ângulo	Angle
Cálculo	Calculation
Círculo	Circle
Curva	Curve
Diâmetro	Diameter
Dimensão	Dimension
Equação	Equation
Horizontal	Horizontal
Lógica	Logic
Massa	Mass
Mediana	Median
Paralelo	Parallel
Proporção	Proportion
Segmento	Segment
Simetria	Symmetry
Superfície	Surface
Teoria	Theory
Triângulo	Triangle
Vertical	Vertical

Governo
Government

Cidadania	Citizenship
Civil	Civil
Constituição	Constitution
Democracia	Democracy
Discurso	Speech
Discussão	Discussion
Distrito	District
Estado	State
Igualdade	Equality
Independência	Independence
Judicial	Judicial
Justiça	Justice
Lei	Law
Liberdade	Liberty
Líder	Leader
Monumento	Monument
Nacional	National
Nação	Nation
Política	Politics
Símbolo	Symbol

Herbalismo
Herbalism

Açafrão	Saffron
Alecrim	Rosemary
Alho	Garlic
Aromático	Aromatic
Benéfico	Beneficial
Coentro	Coriander
Estragão	Tarragon
Flor	Flower
Funcho	Fennel
Ingrediente	Ingredient
Jardim	Garden
Lavanda	Lavender
Manjericão	Basil
Manjerona	Marjoram
Planta	Plant
Qualidade	Quality
Sabor	Flavor
Salsa	Parsley
Tomilho	Thyme
Verde	Green

Instrumentos Musicais
Musical Instruments

Bandolim	Mandolin
Banjo	Banjo
Clarinete	Clarinet
Fagote	Bassoon
Flauta	Flute
Gaita	Harmonica
Gongo	Gong
Harpa	Harp
Marimba	Marimba
Oboé	Oboe
Pandeiro	Tambourine
Percussão	Percussion
Piano	Piano
Saxofone	Saxophone
Tambor	Drum
Trombone	Trombone
Trompete	Trumpet
Violão	Guitar
Violino	Violin
Violoncelo	Cello

Jardim
Garden

Ancinho	Rake
Arbusto	Bush
Árvore	Tree
Banco	Bench
Cerca	Fence
Flor	Flower
Garagem	Garage
Grama	Grass
Gramado	Lawn
Jardim	Garden
Lagoa	Pond
Maca	Hammock
Mangueira	Hose
Pá	Shovel
Pomar	Orchard
Solo	Soil
Terraço	Terrace
Trampolim	Trampoline
Varanda	Porch
Videira	Vine

Jardinagem
Gardening

Água	Water
Botânico	Botanical
Buquê	Bouquet
Clima	Climate
Comestível	Edible
Composto	Compost
Espécies	Species
Exótico	Exotic
Flor	Blossom
Floral	Floral
Folha	Leaf
Folhagem	Foliage
Mangueira	Hose
Pomar	Orchard
Recipiente	Container
Sazonal	Seasonal
Sementes	Seeds
Solo	Soil
Sujeira	Dirt
Umidade	Moisture

Jazz
Jazz

Artista	Artist
Álbum	Album
Bateria	Drums
Canção	Song
Composição	Composition
Compositor	Composer
Concerto	Concert
Estilo	Style
Ênfase	Emphasis
Famoso	Famous
Favoritos	Favorites
Gênero	Genre
Improvisação	Improvisation
Música	Music
Novo	New
Orquestra	Orchestra
Ritmo	Rhythm
Talento	Talent
Técnica	Technique
Velho	Old

Literatura
Literature

Analogia	Analogy
Análise	Analysis
Anedota	Anecdote
Autor	Author
Biografia	Biography
Comparação	Comparison
Conclusão	Conclusion
Descrição	Description
Diálogo	Dialogue
Estilo	Style
Ficção	Fiction
Metáfora	Metaphor
Narrador	Narrator
Opinião	Opinion
Poema	Poem
Rima	Rhyme
Ritmo	Rhythm
Romance	Novel
Tema	Theme
Tragédia	Tragedy

Livros
Books

Autor	Author
Aventura	Adventure
Coleção	Collection
Contexto	Context
Dualidade	Duality
Escrito	Written
Épico	Epic
História	Story
Histórico	Historical
Inventivo	Inventive
Leitor	Reader
Literário	Literary
Narrador	Narrator
Página	Page
Poema	Poem
Poesia	Poetry
Relevante	Relevant
Romance	Novel
Série	Series
Trágico	Tragic

Mamíferos
Mammals

Baleia	Whale
Camelo	Camel
Canguru	Kangaroo
Castor	Beaver
Cavalo	Horse
Cão	Dog
Coelho	Rabbit
Coiote	Coyote
Elefante	Elephant
Gato	Cat
Girafa	Giraffe
Golfinho	Dolphin
Gorila	Gorilla
Leão	Lion
Lobo	Wolf
Macaco	Monkey
Ovelha	Sheep
Raposa	Fox
Touro	Bull
Zebra	Zebra

Matemática
Math

Aritmética	Arithmetic
Ângulos	Angles
Circunferência	Circumference
Decimal	Decimal
Diâmetro	Diameter
Equação	Equation
Expoente	Exponent
Fração	Fraction
Geometria	Geometry
Paralelo	Parallel
Paralelogramo	Parallelogram
Perímetro	Perimeter
Perpendicular	Perpendicular
Polígono	Polygon
Raio	Radius
Retângulo	Rectangle
Simetria	Symmetry
Soma	Sum
Triângulo	Triangle
Volume	Volume

Material de Arte
Art Supplies

Acrílico	Acrylic
Apagador	Eraser
Aquarelas	Watercolors
Argila	Clay
Água	Water
Cadeira	Chair
Carvão	Charcoal
Cavalete	Easel
Câmera	Camera
Cola	Glue
Cores	Colors
Criatividade	Creativity
Escovas	Brushes
Lápis	Pencils
Mesa	Table
Óleo	Oil
Papel	Paper
Pastels	Pastels
Tinta	Ink
Tintas	Paints

Medições
Measurements

Altura	Height
Byte	Byte
Centímetro	Centimeter
Comprimento	Length
Decimal	Decimal
Grama	Gram
Grau	Degree
Largura	Width
Litro	Liter
Massa	Mass
Metro	Meter
Minuto	Minute
Onça	Ounce
Peso	Weight
Polegada	Inch
Profundidade	Depth
Quilograma	Kilogram
Quilômetro	Kilometer
Tonelada	Ton
Volume	Volume

Meditação
Meditation

Aceitação	Acceptance
Acordado	Awake
Atenção	Attention
Bondade	Kindness
Clareza	Clarity
Compaixão	Compassion
Emoções	Emotions
Ensinamentos	Teachings
Gratidão	Gratitude
Mental	Mental
Mente	Mind
Movimento	Movement
Música	Music
Natureza	Nature
Observação	Observation
Paz	Peace
Pensamentos	Thoughts
Perspectiva	Perspective
Postura	Posture
Silêncio	Silence

Mitologia
Mythology

Arquétipo	Archetype
Ciúmes	Jealousy
Comportamento	Behavior
Criação	Creation
Criatura	Creature
Cultura	Culture
Desastre	Disaster
Força	Strength
Guerreiro	Warrior
Heroína	Heroine
Herói	Hero
Imortalidade	Immortality
Labirinto	Labyrinth
Lenda	Legend
Mágico	Magical
Monstro	Monster
Mortal	Mortal
Relâmpago	Lightning
Trovão	Thunder
Vingança	Revenge

Moda
Fashion

Acessível	Affordable
Bordado	Embroidery
Botões	Buttons
Boutique	Boutique
Caro	Expensive
Confortável	Comfortable
Elegante	Elegant
Estilo	Style
Medidas	Measurements
Minimalista	Minimalist
Moderno	Modern
Modesto	Modest
Original	Original
Prático	Practical
Renda	Lace
Roupa	Clothing
Simples	Simple
Tecido	Fabric
Tendência	Trend
Textura	Texture

Música
Music

Álbum	Album
Balada	Ballad
Cantar	Sing
Cantor	Singer
Clássico	Classical
Coro	Chorus
Gravação	Recording
Harmonia	Harmony
Improvisar	Improvise
Instrumento	Instrument
Lírico	Lyrical
Melodia	Melody
Microfone	Microphone
Musical	Musical
Músico	Musician
Ópera	Opera
Poético	Poetic
Ritmo	Rhythm
Tempo	Tempo
Vocal	Vocal

Natureza
Nature

Abelhas	Bees
Abrigo	Shelter
Animais	Animals
Ártico	Arctic
Beleza	Beauty
Deserto	Desert
Dinâmico	Dynamic
Erosão	Erosion
Floresta	Forest
Folhagem	Foliage
Geleira	Glacier
Nevoeiro	Fog
Nuvens	Clouds
Pacífico	Peaceful
Rio	River
Santuário	Sanctuary
Selvagem	Wild
Sereno	Serene
Tropical	Tropical
Vital	Vital

Negócios
Business

Carreira	Career
Custo	Cost
Desconto	Discount
Dinheiro	Money
Economia	Economics
Empregado	Employee
Empregador	Employer
Empresa	Company
Escritório	Office
Fábrica	Factory
Finança	Finance
Impostos	Taxes
Investimento	Investment
Loja	Shop
Lucro	Profit
Mercadoria	Merchandise
Moeda	Currency
Orçamento	Budget
Rendimento	Income
Venda	Sale

Nutrição
Nutrition

Amargo	Bitter
Apetite	Appetite
Calorias	Calories
Carboidratos	Carbohydrates
Comestível	Edible
Dieta	Diet
Digestão	Digestion
Equilibrado	Balanced
Fermentação	Fermentation
Líquidos	Liquids
Molho	Sauce
Nutriente	Nutrient
Peso	Weight
Proteínas	Proteins
Qualidade	Quality
Sabor	Flavor
Saudável	Healthy
Saúde	Health
Toxina	Toxin
Vitamina	Vitamin

Números
Numbers

Cinco	Five
Decimal	Decimal
Dez	Ten
Dezesseis	Sixteen
Dezessete	Seventeen
Dezoito	Eighteen
Dois	Two
Doze	Twelve
Nove	Nine
Oito	Eight
Quatorze	Fourteen
Quatro	Four
Quinze	Fifteen
Seis	Six
Sete	Seven
Treze	Thirteen
Três	Three
Um	One
Vinte	Twenty
Zero	Zero

Oceano
Ocean

Alga	Algae
Atum	Tuna
Baleia	Whale
Barco	Boat
Camarão	Shrimp
Caranguejo	Crab
Coral	Coral
Enguia	Eel
Esponja	Sponge
Golfinho	Dolphin
Marés	Tides
Medusa	Jellyfish
Ostra	Oyster
Peixe	Fish
Polvo	Octopus
Recife	Reef
Sal	Salt
Tartaruga	Turtle
Tempestade	Storm
Tubarão	Shark

Paisagens
Landscapes

Cascata	Waterfall
Caverna	Cave
Colina	Hill
Deserto	Desert
Geleira	Glacier
Golfo	Gulf
Iceberg	Iceberg
Ilha	Island
Lago	Lake
Mar	Sea
Montanha	Mountain
Oásis	Oasis
Oceano	Ocean
Pântano	Swamp
Península	Peninsula
Praia	Beach
Rio	River
Tundra	Tundra
Vale	Valley
Vulcão	Volcano

Países #1
Countries #1

Alemanha	Germany
Brasil	Brazil
Camboja	Cambodia
Canadá	Canada
Egito	Egypt
Equador	Ecuador
Espanha	Spain
Finlândia	Finland
Iraque	Iraq
Israel	Israel
Itália	Italy
Índia	India
Mali	Mali
Marrocos	Morocco
Nicarágua	Nicaragua
Noruega	Norway
Panamá	Panama
Polônia	Poland
Senegal	Senegal
Venezuela	Venezuela

Países #2
Countries #2

Albânia	Albania
Dinamarca	Denmark
França	France
Grécia	Greece
Haiti	Haiti
Indonésia	Indonesia
Irlanda	Ireland
Jamaica	Jamaica
Japão	Japan
Laos	Laos
Líbano	Lebanon
México	Mexico
Nepal	Nepal
Nigéria	Nigeria
Paquistão	Pakistan
Rússia	Russia
Síria	Syria
Somália	Somalia
Ucrânia	Ukraine
Uganda	Uganda

Pássaros
Birds

Avestruz	Ostrich
Águia	Eagle
Cegonha	Stork
Cisne	Swan
Corvo	Crow
Cuco	Cuckoo
Flamingo	Flamingo
Frango	Chicken
Gaivota	Gull
Ganso	Goose
Garça	Heron
Ovo	Egg
Papagaio	Parrot
Pardal	Sparrow
Pato	Duck
Pavão	Peacock
Pelicano	Pelican
Pinguim	Penguin
Pombo	Pigeon
Tucano	Toucan

Plantas
Plants

Arbusto	Bush
Árvore	Tree
Baga	Berry
Bambu	Bamboo
Botânica	Botany
Cacto	Cactus
Erva	Herb
Feijão	Bean
Fertilizante	Fertilizer
Flor	Flower
Flora	Flora
Floresta	Forest
Folhagem	Foliage
Grama	Grass
Hera	Ivy
Jardim	Garden
Musgo	Moss
Pétala	Petal
Raiz	Root
Vegetação	Vegetation

Profissões #1
Professions #1

Advogado	Attorney
Artista	Artist
Astrônomo	Astronomer
Banqueiro	Banker
Bombeiro	Firefighter
Caçador	Hunter
Cartógrafo	Cartographer
Cientista	Scientist
Dançarino	Dancer
Editor	Editor
Embaixador	Ambassador
Encanador	Plumber
Enfermeira	Nurse
Geólogo	Geologist
Joalheiro	Jeweler
Marinheiro	Sailor
Músico	Musician
Pianista	Pianist
Psicólogo	Psychologist
Veterinário	Veterinarian

Profissões #2
Professions #2

Agricultor	Farmer
Astronauta	Astronaut
Bibliotecário	Librarian
Biólogo	Biologist
Cirurgião	Surgeon
Dentista	Dentist
Engenheiro	Engineer
Filósofo	Philosopher
Fotógrafo	Photographer
Ilustrador	Illustrator
Inventor	Inventor
Investigador	Researcher
Jardineiro	Gardener
Jornalista	Journalist
Linguista	Linguist
Médico	Physician
Piloto	Pilot
Pintor	Painter
Professor	Teacher
Zoólogo	Zoologist

Psicologia
Psychology

Avaliação	Assessment
Clínico	Clinical
Comportamento	Behavior
Compromisso	Appointment
Conflito	Conflict
Ego	Ego
Emoções	Emotions
Experiências	Experiences
Inconsciente	Unconscious
Infância	Childhood
Influências	Influences
Pensamentos	Thoughts
Percepção	Perception
Personalidade	Personality
Problema	Problem
Realidade	Reality
Sensação	Sensation
Sonhos	Dreams
Subconsciente	Subconscious
Terapia	Therapy

Química

Chemistry

Alcalino	Alkaline
Ácido	Acid
Calor	Heat
Carbono	Carbon
Catalisador	Catalyst
Cloro	Chlorine
Elementos	Elements
Elétron	Electron
Enzima	Enzyme
Gás	Gas
Hidrogênio	Hydrogen
Íon	Ion
Líquido	Liquid
Molécula	Molecule
Nuclear	Nuclear
Orgânico	Organic
Oxigénio	Oxygen
Peso	Weight
Sal	Salt
Temperatura	Temperature

Restaurante # 2

Restaurant #2

Almoço	Lunch
Aperitivo	Appetizer
Água	Water
Bebida	Beverage
Bolo	Cake
Cadeira	Chair
Colher	Spoon
Delicioso	Delicious
Especiarias	Spices
Fruta	Fruit
Garçom	Waiter
Garfo	Fork
Gelo	Ice
Jantar	Dinner
Legumes	Vegetables
Macarrão	Noodles
Peixe	Fish
Sal	Salt
Salada	Salad
Sopa	Soup

Roupas

Clothes

Avental	Apron
Blusa	Blouse
Calça	Pants
Camisa	Shirt
Casaco	Coat
Chapéu	Hat
Cinto	Belt
Colar	Necklace
Jaqueta	Jacket
Jeans	Jeans
Luvas	Gloves
Meias	Socks
Moda	Fashion
Pijama	Pajamas
Pulseira	Bracelet
Saia	Skirt
Sandálias	Sandals
Sapato	Shoe
Suéter	Sweater
Vestido	Dress

Saúde e Bem-Estar #1

Health and Wellness #1

Altura	Height
Ativo	Active
Bactérias	Bacteria
Clínica	Clinic
Doutor	Doctor
Farmácia	Pharmacy
Fome	Hunger
Fratura	Fracture
Hábito	Habit
Hormones	Hormones
Medicina	Medicine
Nervos	Nerves
Ossos	Bones
Pele	Skin
Postura	Posture
Reflexo	Reflex
Relaxamento	Relaxation
Terapia	Therapy
Tratamento	Treatment
Vírus	Virus

Saúde e Bem-Estar #2

Health and Wellness #2

Alergia	Allergy
Anatomia	Anatomy
Apetite	Appetite
Caloria	Calorie
Corpo	Body
Dieta	Diet
Digestão	Digestion
Doença	Disease
Energia	Energy
Genética	Genetics
Higiene	Hygiene
Hospital	Hospital
Humor	Mood
Infecção	Infection
Massagem	Massage
Peso	Weight
Recuperação	Recovery
Sangue	Blood
Saudável	Healthy
Vitamina	Vitamin

Tempo

Time

Agora	Now
Ano	Year
Antes	Before
Anual	Annual
Calendário	Calendar
Década	Decade
Dia	Day
Futuro	Future
Hoje	Today
Hora	Hour
Manhã	Morning
Meio-Dia	Noon
Mês	Month
Minuto	Minute
Momento	Moment
Noite	Night
Ontem	Yesterday
Relógio	Clock
Semana	Week
Século	Century

Tipos de Cabelo
Hair Types

Branco	White
Brilhante	Shiny
Cachos	Curls
Careca	Bald
Cinza	Gray
Colori	Colored
Encaracolado	Curly
Fino	Thin
Grosso	Thick
Loiro	Blond
Longo	Long
Marrom	Brown
Ondulado	Wavy
Prata	Silver
Preto	Black
Saudável	Healthy
Seco	Dry
Suave	Soft
Trançado	Braided
Tranças	Braids

Universo
Universe

Asteróide	Asteroid
Astronomia	Astronomy
Astrônomo	Astronomer
Atmosfera	Atmosphere
Celestial	Celestial
Céu	Sky
Cósmico	Cosmic
Equador	Equator
Galáxia	Galaxy
Hemisfério	Hemisphere
Horizonte	Horizon
Latitude	Latitude
Longitude	Longitude
Lua	Moon
Órbita	Orbit
Solar	Solar
Solstício	Solstice
Telescópio	Telescope
Visível	Visible
Zodíaco	Zodiac

Vegetais
Vegetables

Abóbora	Pumpkin
Aipo	Celery
Alcachofra	Artichoke
Alho	Garlic
Batata	Potato
Beringela	Eggplant
Brócolis	Broccoli
Cebola	Onion
Cenoura	Carrot
Chalota	Shallot
Cogumelo	Mushroom
Ervilha	Pea
Espinafre	Spinach
Gengibre	Ginger
Nabo	Turnip
Pepino	Cucumber
Rabanete	Radish
Salada	Salad
Salsa	Parsley
Tomate	Tomato

Veículos
Vehicles

Ambulância	Ambulance
Avião	Airplane
Balsa	Ferry
Barco	Boat
Bicicleta	Bicycle
Caminhão	Truck
Caravana	Caravan
Carro	Car
Foguete	Rocket
Helicóptero	Helicopter
Jangada	Raft
Lambreta	Scooter
Metrô	Subway
Motor	Motor
Ônibus	Bus
Pneus	Tires
Submarino	Submarine
Táxi	Taxi
Transporte	Shuttle
Trator	Tractor

Parabéns

Conseguiu!

Esperamos que tenha gostado tanto deste livro como nós gostamos de o desenhar. Esforçamo-nos por criar livros da mais alta qualidade possível.
Esta edição foi concebida para proporcionar uma aprendizagem inteligente, de qualidade e divertida!

Gostou deste livro?

Um simples pedido

Estes livros existem graças às críticas que publica.
Pode ajudar-nos, deixando agora uma revisão?

Aqui está um pequeno link para
a sua página de revisão:

BestBooksActivity.com/Avaliacoes50

DESAFIO FINAL!

Desafio n° 1

Está pronto para o seu jogo grátis? Usamo-los a toda a hora, mas não são tão fáceis de encontrar - aqui estão os Sinônimos!
Escreva 5 palavras que encontrou nos puzzles (n° 21, n° 36, n° 76) e tente encontrar 2 sinónimos para cada palavra.

*Escreva 5 palavras de **Puzzle 21***

Palavras	Sinônimo 1	Sinônimo 2

*Escreva 5 palavras de **Puzzle 36***

Palavras	Sinônimo 1	Sinônimo 2

*Escreva 5 palavras de **Puzzle 76***

Palavras	Sinônimo 1	Sinônimo 2

Desafio n° 2

Agora que já aqueceu, escreva 5 palavras que encontrou nos Puzzles (n° 9, n° 17 e n° 25) e tente encontrar 2 antônimos para cada palavra. Quantos se podem encontrar em 20 minutos?

Escreva 5 palavras de ***Puzzle 9***

Palavras	Antônimo 1	Antônimo 2

Escreva 5 palavras de ***Puzzle 17***

Palavras	Antônimo 1	Antônimo 2

Escreva 5 palavras de ***Puzzle 25***

Palavras	Antônimo 1	Antônimo 2

Desafio n° 3

Óptimo! Este desafio final 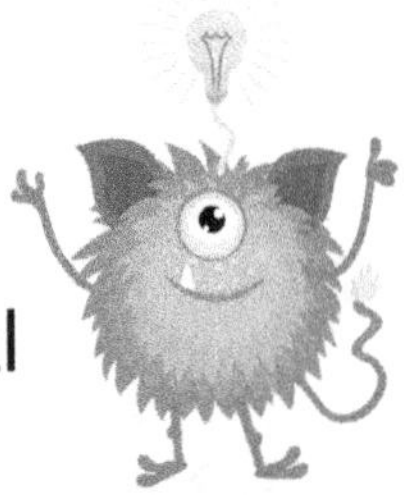 não é nada para si.

Pronto para o desafio final? Escolha 10 palavras que tenha descoberto nos diferentes puzzles e escreva-as abaixo.

1.	6.
2.	7.
3.	8.
4.	9.
5.	10.

Agora escreva um texto a pensar numa pessoa, num animal ou num lugar de seu agrado.

Pode utilizar a última página deste livro como um rascunho.

A Sua Composição:

CADERNO DE NOTAS:

ATÉ BREVE!

A equipa Inteira

DESCUBRA JOGOS GRATUITOS

GO

↓

BESTACTIVITYBOOKS.COM/FREEGAMES

www.ingramcontent.com/pod-product-compliance
Lightning Source LLC
Chambersburg PA
CBHW082215120626
46553CB00010B/3160
* 9 7 9 8 8 9 6 7 0 4 0 6 5 *